わたしの旅ブックス
005

ロング・ロング・トレイル

木村東吉

産業編集センター

ココロの扉

今年の春、アリゾナの小さな街、ページを出発して、我々はユタのザイオン国立公園に向かっていた。

途中、カーナブという街でトイレ休憩のためにガソリンスタンドに立ち寄ったら、駐車場に大きなピックアップ・トラックが停まっており、荷台にはテントやバックパックなどが満載されている。

トイレを済ませて、眠気覚ましの飲み物とガムを買っていたら、隣接されたファストフードの店から学生らしい集団が出てきて、そのピックアップ・トラックに乗り込んだ。

「どこまで行くの?」と声を掛けたら、彼らも「ザイオン」に行くと。

「エンジェルス・ランディングは必ず歩いた方がいいよ!」と言うと「もちろん、そのつもりだ」

テキサスから来た学生グループで、スプリングブレイク（日本の春休みみたいなもの）の休暇を利用して、遊びに来たらしい。

「随分と長旅だね！　ところでどこのキャンプ場を利用するの？」と尋ねると、我々とは違うキャンプ場の名前を答えた。

「じゃあまたどこかのトレイルで会えたら！」と言って、我々はそこを後にして別れた。

で、その日の夕刻。

テント設営を終えて、テーブルで寛いでいたら、見たことのある1台のトラックが、我々のサイトの横の道を通り過ぎて、急停車。そのまま勢いよくバックして来て、さっきの学生たちが全員、窓から顔を出して手を振っているではないか。

「あれ？　違うキャンプ場だったはずでは」と尋ねると、そこはいっぱいだったから、こっちのキャンプ場に変更したという。

実は我々はそのキャンプ場に3泊するつもりで、薪などを買い込んで準備していたが、翌日からすごい寒波がやって来て、とてもじゃないがキャンプができる状況ではない。

そこで急遽、公園外のモーテルに移動することにした。余った薪を分けようと、テキサス・グループのサイトに行くと、すでにどこかのトレイルを歩いているらしく、テントサイトには誰もいない。

余った薪に書き置きをして、我々は宿探しに向かった。

それから約1週間が経過したザイオン滞在最終日。偶然にもスーパーマーケットの駐車場で、彼らに再会した。

「薪のお礼を言いたかったのでちょうどよかった。我々もあの後、寒さに震えて、薪を頂いて助かりました。次回のスプリングブレイクは日本の富士山に登りに行きたい」

「いつでもウエルカムだよ!」と言って、みんなで記念撮影をして、別れを告げた。


例えばココロに扉があるとする。

おそらく日常生活ではその扉は、30%とか50%くらいしか開いていないと思う。日常のルーティーンの中では、吸収すべきことがあまり多くはないし、どこか傲慢な自分が居て、なんでも知った気になっている。

ところが旅に出ると、その扉は80%、100%にまで開き、時には限界を超えて120%まで開放され、人の意見に耳を傾け、情報を収集し、危険な事象に対してアンテナをフル回転させ、それらを精査し、最善の方法を探ろうと精一杯の努力をする。

旅で出会った双方がそのような状態であれば、国籍、年代、人種、宗教を超えて、互いに有用な情報を分かち合いたいと思うのは当然のことである。

だからこそ親子以上に歳の違う者が、ちょっとした出会いを喜び合うのである。

つまり言い換えれば、旅に出るということは、ココロの扉を開きに行くことと等しいことであり、その旅に未知数な要素が多ければ多いほど、その扉は大きく、広く開放される。そして当然のことながら、人はその扉から多くを学び、吸収し、理解し、その情報が蓄積される。そしてその蓄積からは、あらゆる物事に対して寛容な感情が育まれ、さらに多くの物事を受け入れ、その人生はより豊かに彩られる。ボクはそう思っている。

フランスの人類学者クロード・レヴィ・ストロースはその著書の中で、「冷たい社会と熱い社会」について述べている。

排他的思想を持ち、変化を嫌い、古くからの観念や概念にとらわれ、歴史的発展を拒むのが「冷たい社会」の特徴である。つまり新しいモノを取り入れようとする努力を怠った結果、そこから生まれるエネルギーは乏しく、社会は冷え込んでいくという意味である。

ココロの扉で例えれば、扉をまったく開かない人は、なんのエネルギーも使わず、生み出さず「冷たい人生」を送るという結果になるのである。

ココロの扉を開いて、違う文化に触れること、違う価値観に対処すること、違う生活様式を理解することは、多くの努力とエネルギーを要し、そこから人は「熱く豊かな人生」を模索し始める。


進化論を唱えたダーウィンはこう言っている。

「もっとも強い者が生き残るのではなく、もっとも賢い者が生き延びるのでもない。唯一、生き残ることができるのは、変化できる者である」


本書の中では、冒頭のような旅先でのエピソードがたくさん登場する。具体的な旅のハウトゥこそ書かれていないが、旅の途上でのさまざまな出会いを通じて、学び、驚き、戸惑い、そして愉しむことを、一緒に感じてもらえれば嬉しい。そしていささか短絡的で無謀ながらも、未知なる世界に飛び出して行く姿を通じて、旅の醍醐味や人々の優しさに触れてもらえれば幸甚である。

日常のドアを開け旅に出ることは、そのままココロの扉を開けることに繋がる。そしてそこから新たな出会いが始まるのだ。

ロング・ロング・トレイル
目次

第五章　走って歩いて、旅をする

第六章　ボクが旅に出る理由

※本書に登場する旅に関連する写真を、
インターネット上でご覧いただくことができます。
本文と合わせてお楽しみください。

『ロング・ロング・トレイル』フォトギャラリー

URL：http://www.5lakesmt.com/column/trail/

（検索キーワードは「木村東吉　／　ロングロングトレイル」）

第一章

旅へのあこがれ

〝ただ地図を眺めるだけ〟の旅

己の記憶の中にある「旅に対するあこがれ」を探っていくと、まずは「密航」という言葉が思い浮かぶ。

幼いころから、海外旅行に対する強い関心があったものの、それを実現するための具体的なアプローチがまったく思い浮かばず、いきなり「密航」という短絡的な思考に包まれたのである。

しかしその発想は、その当時、愛読していた『少年マガジン』の冒頭の特集によって、木っ端微塵に粉砕される。

その冒頭の特集とは、密航を試みた者が、「船上のコンテナの中に隠れているうちに餓死して、白骨遺体で発見される」という、オドロオドロしい漫画記事であった。

幼いころのボクは、かなり『少年マガジン』に感化される傾向にあった。当時、人気連載であった『巨人の星』（野球少年がプロ野球の巨人軍に入団して、大投手になっていくというスポ根漫画）を夢中になって読んでいたのもそのころだったが、ある時「君も大リーグボール養成ギプスを作ろう」という記事が目に止まった。

その記事では「輪ゴム」を使って簡単に「大リーグボール養成ギプス」が作れると特集されていた。ちなみに「大リーグボール養成ギプス」とは、『巨人の星』の主人公の少年である星飛雄馬（今、冷静になると、すごい名前だな）のために、その筋力を爆発的に鍛えることができるように、鬼コーチである父親が独自に開発したギプスである。その漫画の中では、昔は誰もが所持していたであろう「エキスパンダー」というバネを使った運動器具を改造して、「大リーグボール養成ギプス」を作っていたが、輪ゴムでも簡単に作れるという。で、実際に作ってみた。

巧くできた。

が、30分も装着しているうちに、手の先がみるみる紫色に鬱血していく。最終的には自分の手でその「自家製ギプス」を外すことさえできないくらいに鬱血して、泣きべそをかきながら姉にギプスを取り外してもらった。

このように、いとも簡単に少年漫画に感化されてしまう性格だから、「密航」を企て餓死してしまう記事を読んだ途端に、「海外旅行への強いあこがれ」は、一気に霧散してしまった。

ボクは昭和33年生まれだが、昭和39年になってようやく、総額500ドル以下の所持という規制付きで、個人が海外旅行をすることが解禁となり、その後、徐々に日本人の海外旅行者が増加することになる。

ちなみに日本人の海外出国者の数の推移を見ると、昭和25年で8922人、昭和35年で11万9400人、昭和45年で93万6205人と増加する。つまりこの20年間で、海外渡航者が100倍以上に増加したのである。（出典　JTB総合研究所）

個人の海外渡航が自由化された昭和39年の5年前に、金融機関における海外旅行の積立が始まったが、これは当時の旅行代金が、庶民の平均月収の10倍以上に相当したためで、一般の人々が海外に行くのには、このような積立というシステムを必要とした。

最初の積立旅行は、昭和39年4月8日発の「第一回ハワイダイヤモンドコース旅行団」で、旅行日程は7泊9日。オアフ、マウイ、ハワイ、カウアイ島の4島を巡り、その旅行費用は全日食事付きで、36万4000円。この旅行費用は、当時の大卒新入社員の一年分の給料であり、いかに高額の旅行費であったことが分かる。（出典　JTB総合研究所）

当時の海外渡航のこのような事情を鑑みると、一般庶民の家に生まれた（一般庶民の中でも経済的下層クラスに属すると思うが）少年が、「密航」という荒唐無稽な妄想を企てても、仕方ない事情があったのである。

ボクが14歳になった1972年に、日本人の海外旅行者が年間で100万人を突破したが、それも自分にはまったく無縁の事柄であった。

1979年、二十歳になったボクは大阪から上京した。18歳から大阪でモデルの仕事をスタートさせたが、本格的にそのキャリアを積み上げるために、本拠地を東京に移すことにしたのである。この時に初めて飛行機に乗る機会に恵まれたが、それと同時に、初めて仕事で北海道に行くことになった。

羽田空港で搭乗を待っている間、空港内の売店で一冊の文庫本を手に取った。開高健著

『開口閉口』というコラム集である。

そのコラムの中に次のような一節があった。

「南西諸島のとある島。その島は遠浅のサンゴ礁に囲まれているために、大きな船では近づくことができない。従って訪問客は沖合に停めた船で、潮が満ちるタイミングを狙って島人が小船で迎えに来るのを待つ。

上陸した浜辺には一軒の酒場があり、椰子の木陰に建つその店に入って行くと、健康的に日焼けした島の娘が、シャコガイに注がれた黒糖の焼酎を差し出す。その酒を一気に飲み干す。口当たりはいいが、酔いが回り、足がふらつく。それを見て、いいお客さんだと、島の娘が笑う……」

そんな島があると知人から聞いた。その島に行きたいとは思うが、実際に行ってみるより、夜更けに独り自分の部屋で呑みながら、壁にできた小さなシミを見つけ、「島はこんな形をしているのかな」と、夢想している方がいいような気がする——。

実際のコラムは開高健氏らしく、もっと豊かな表現で語られていたが、概ね、このような内容であった。

そのコラムを北海道に向かう機中で読んだボクは、これなら自分にもできる！　と膝を叩いた。実際に旅をしなくても、己の想像力を駆使して、旅の醍醐味を味わうことができるのだ。

その仕事から戻ってすぐに、ボクは大きな世界地図を買ってきて、自宅の部屋の壁に貼った。そしてその地図を眺め、アーリータイムスをちびちび舐めながら、想像の旅を愉しんだ。

ある時はアフリカの大地で、見たこともない動物たちの存在に驚き、ある時には空と海の色を分ける存在が、唯一、白い砂浜だけであるような南海の小島で泳いだ。またある時は、見知らぬ都市のバスに乗って、エキゾチックな建築物に心躍らせた。

毎晩、ボクの心は何千キロも先の、まったく知らない言語の中を彷徨い、あらゆる人種の中に埋もれた。

そして実際に、海外の旅に出たのは、それから2年後の初夏だった。

旅先でのつらい思いこそが醍醐味

「例えばグアムやハワイに行って、ビーチやプールサイドで寝っ転がって、買い物を愉しむだけのような旅は、ホントの意味での旅とはいえないよ」

旅慣れたモデルの先輩に、「今度、初めて海外に行こうと思っているけど、どこか暖かい南の島に行きたい。お勧めはありますか？」と訊ねたら、そんな答えが返ってきた。

さあ、困った。質問の前は、まさにグアムかハワイに行こうと目論んでいたのだ。

「じゃあ、どういうところに行けば、旅っていえるんですか」と落胆気味に質問をすると、彼はこう言った。

「まずは大きなカルチャーショックを受ける場所。次にその旅を自分でコーディネートすること。つまりツアーなどには参加しない。そして次がもっとも大切なんだが……」と言って、その先輩はニヤリと笑った。

「その旅でつらい思いをすることだ」

23歳の春だった。

前年の冬から交際していた彼女（後に妻になる）と、どこか暖かい南の島に行こうということになった。ボクにとっては初めての海外。彼女の方は仕事（やはりモデルだった）を兼ねて、何度か海外に行っている。だが彼女にその旅のプランを任せたくはない。初めてでも、自分の意見を通したい。そういう性格が素直じゃなく、可愛げがないのもよく分かっている。少年漫画の影響はすぐに受けるクセに、彼女や友人に対しては意地を張る傾向にある。それは還暦を迎える今になっても変わらず、今では子どもたちや孫たちに意地を張る時もある。

まあ、己の性格分析はここではどうでもいい。なにしろ、初めての海外の旅の主導権を握りたかった。で、こっそりと先輩のアドバイスを受けようと思ったが、既述の通り、アドバイスを受けるより厄介な状況に陥ってしまった……という訳である。

まずはカルチャーショックだ。今ではよーく、理解できる。そして今ではよーく、人に同じアドバイスをする。だが、その当時はその言葉自体の意味をあまり理解していなかったし、何故、「海外の旅において文化的衝撃」を受けなければならないのか？　ということが理解できなかった。

そしてそれより、さらに理解に苦しむこと。「何故、わざわざ高いお金を払って海外旅行に行き、つらい思いをしなければならないのか?」

好きな彼女と初めての海外旅行に行くのだ。チャラチャラと愉しみたいではないか。ウキウキと浮かれたいではないか。何故、つらい思いをしなけりゃならないんだ?

その先輩に相談したことを悔やんだ。が、悔やんだが、その先輩と一緒に酒を呑む時に、彼が聞かせてくれる旅の話に胸が踊ったことも事実だ。その話の多くは、北海道に向かう機中で読んだ、開高健のコラムに通じるモノが多々あった。

さあ困ったどうしよう?

結果的に、我々はインドネシアのバリ島に行くことに決めた。今では「南の島のリゾート」の代表的な存在のバリ島ではあるが、35年前は「神々の島」とか「地球のヘソ」とか、かなり神秘性を持った島として、少ないながらメディアなどで紹介されていた。が、そのことよりもバリに行くことに決めた大きな動機は、夕陽の美しさであった。

当時、ボクは『ポパイ』という雑誌にモデルとして頻繁に登場していた。編集部スタッフとも懇意にしていただき、公私共に付き合いもあった。で、その中の一人がバリ島に取材旅行に行き、ボクにこう言ったのだった。

「バリの夕陽は世界でもっとも大きい」

確かにバリ島は赤道直下に位置する。科学的根拠からしても、バリ島の夕陽は大きいに違いない。が、彼の口から語られるバリ島の夕陽の大きさは、決して科学的根拠だけではなく、もっと深淵なるロマンが感じられた。（と勝手に感じただけかもしれぬが）

さっそく旅の計画を練り始める。

ツアーには参加しないが、飛行機とホテルがセットになったチケットを購入した。そしてちょうど友人の友人の、そのまた友人のツテを頼って、到着した空港からホテルの送迎だけは頼んだ。あとは現地で勝負である。

長い、長いフライトを経て、我々2人は夕刻のバリ島、デンパサール空港に降り立った。話には聞いていたが、ボクが幼かったころ、つまり昭和40年代の日本を感じさせる雰囲気が漂っている。その最たる存在は空港周辺の裸電球である。ボクが育った地域では、5の付く日は「夜店」といわれる、縁日みたいな催しがあった。決して祭事にまつわる催しではなく、ただ単に５の付く日に露店が並んだだけである。露天の軒先には裸電球が寂しそうな光を発し、食べ物や衣料など、さまざまなモノが売られていた。小学校５年の時に、その夜店で、生まれて初めて革靴を買った。かなり安価で買ったのだが、翌日、明るいところで確認すると、右が濃い茶色で、左が黒だった。それ以来、夜店にいいイメージはない。が、今、初めて異国の地に降り立ったボクは、まさに鮮明に、生まれ故郷の夜店を目の前にしていた。

到着早々、例のカルチャーショックを受ける。

持って行ったラジカセを税関に没収されたのだ（理由は分からぬ）。翌日に日本円で１５００円ほど払うと、そのラジカセは戻って来た。我々が宿泊したホテル（というより、夜中にゲッコーという爬虫類が、チーチーと鳴き声を上げる、ジャングルの中のコテージ）の部屋には、テレビもラジオもなかった。そこで10日間過ごすのに、ラジカセはなくてはならない存在だった。だから躊躇なく１５００円を払って返してもらったが、これがなんらかの賄賂に繋がっていたのかどうか、その時も分からなかったし、今でも分からない。

バリ島では、日本とは違った「お金のやり取り」があることも知った。

すでに言ったが、ボクは大阪生まれだ。大阪人は日頃から値切ることに慣れている。だから売り手の提示した額面を、少しでも値切ることに抵抗はない。が、ここバリ島では、最初に出してくる額面が、実際の支払い額の10倍以上であることに驚いた。例えば、ビーチに居るといろいろな物売りがやって来て、執拗に購入を勧める。で、幾らかと訊ねると、最初は1万ルピーとか言っていても、最終的には1000ルピーくらいで購入することができるのだ。

だがこれにも一つの「決まりごと」みたいなモノがあり、こちらが日焼けしていると、最初の提示額が実際の3倍から5倍くらいからスタートすることになる。つまりバリ島に来て間もない観光客は吹っかけられ、滞在に慣れてくると、こなれた額を提示してくるというわけである。そしてこれは後々になって知ったことだが（実はボクはその後、バリ島に4回も行った）、ビーチに物売りに来るのは、小学生くらいの子どもも多数いるのだが、彼らは、観光客との値段交渉によって、語学、慣習、性格などを学んでいるという。確かに、オーストラリアからの観光客が多いバリ島では、現地のバリ人もオーストラリア訛の英語を使う。なるほど、彼らは学校ではなく、現場で学習しているのである。

バリ島到着の翌日、ボクは現地で小型バイクの免許を取得した。免許取得のための試験は実技と筆記の二つの試験がある。が、実技といっても、小さく描かれた円の周りを、足をつかないで時計回り、反時計回りで回れば合格。筆記は3択で5問あり、バイクのレンタル屋が、その日の答えを予め教えてくれた。

というわけで、我々は島を走り回るための重要な足を手に入れた。

我々はクタ・ビーチという、バリ島の西側のビーチに滞在したが、そのビーチから見える夕陽は噂に違わず美しく、サンセットの時間には、物売りたちさえも、静かに水平線に沈みゆく夕陽を見守っていた。

早朝はクタ・ビーチを裸足でランニングして、朝食の後は、バイクに跨って島のいろいろなところに出掛ける。当時はまったく開発されていなかったヌサドゥア・ビーチ、高級ホテルが建ち並ぶサヌール・ビーチなどにもバイクを走らせた。が、どこよりもバリ島らしいのはそれらのビーチではなく、山の中に佇むウブドという村で、渓谷の斜面に作られた水田が緑に輝き、そこで村人たちが農作業に従事する姿は、なんだかとても平和で懐かしい情景に思えた。

この初めての海外旅行で、自分は本当にカルチャーショックを感じることができたのだろうか？　つらい思いはあまりしなかったと思うが、彼女が旅の疲れからか、ウブドのレストランで腹痛を起こした時には、とても焦った。親切なレストランのオーナーが、子ども部屋を貸してくれて、そこで横になったらすぐに彼女は回復したが、旅先での温かな人情に触れるいい機会に恵まれた。こういうエピソードも、おそらく後に深く心に残る思い出として蓄積されるのだろう。

ところで、テストの回答を教えてくれたレンタルバイク屋が、レンタル時にオーストラリア訛の英語で、ボクに何日間バイクが必要か訊ねた。

「ハウ・メニー・ダイ？」

それを聞いてボクは当然のように答えた。

「一台！」

相手はきょとんとした顔をしている。

ボクは周辺に日本人の姿がないかどうか確認しつつ、少し赤面しながら、言い直した。

「10days」

初めてのアメリカで打ちのめされる

これまでに何回、アメリカに行ったのだろう？

そのほとんどが南西部だが、一度だけNYとフロリダに行ったこともあるし、ちょっと変わったトライアスロン・レースに出場するために、2年連続してミネソタにも長期で滞在したことがある。それに自宅の資材を購入するために、何度かシアトルにも行った。

アメリカに行く度に感じるのは、アメリカとは一つの国ではない……ということだ。

「United States of America」

その名の示す通り、いろいろな州の集合体であると同時に、人種の、文化の、自然の集合体でもある。

が、「刷り込み」とは恐ろしいモノで、ボクにとってのアメリカは、アリゾナやユタといった南西部のアメリカだ。緑豊かな北西部であるシアトル、あるいはアメリカを代表する大都市NYに行っても、どうもアメリカに行った気がしない。

ボクは昭和33年生まれで、テレビや映画を通じて見るアメリカは「西部劇」のアメリカだった。ジョン・ウエインが馬で走り回るアメリカであり、カウボーイたちがブランケットに包まって、焚き火の傍で野宿するアメリカだった。

奇遇にも、初めて行ったアメリカが、まさにそのような体験となった。

ある雑誌の取材とファッションページの撮影のために渡米したのだが、LAをクルマで出発して、まずはラスベガスに到着。夜に到着して、翌朝早くにグランドキャニオンに向けて出発。ここまではよかった。ラスベガスのにぎやかな喧騒も、グランドキャニオンのスケールを超える絶景も、それまでに日本のなんらかのメディアを通じて見聞きはしていた（それでも腰を抜かしたが）。が、そこから先、モニュメントバレー、キャニオン・デ・シェリー、ギャロップへと続く道をレンタカーで走っていると、「もう、このまま日本へ帰ることができないんじゃないか？」と馬鹿げた妄想にとらわれるほどに衝撃を受けた。その荒涼たる世界、あまりにも日本のそれとかけ離れたスケール、景観、文化、生活様式の違いに圧倒された。

もちろん「旅に勝ち負けなど存在しない」が、その時のボクは衝撃を受け、圧倒され、押し潰され、完璧なる敗北感を味わっていた。

誰に？　ナニに？　敗北したのか？　おそらくその対象は存在しない。敢えて挙げるとしたら、アメリカという国のすごさを知った自分自身に、完璧に敗北していたのだ。

アメリカという国を少しでも知っている人なら、ボクにとっての初のアメリカの旅の道筋が、ネイティブ（アメリカインディアン）たちと、深い関わりを持つ地域だということが分かるだろう。

さきほど「ジョン・ウエインが馬で駆け回る」と言ったが、まさにモニュメントバレーは彼の代表作『駅馬車』のロケ地でもある。

1900年台初頭。ハリー・グールディングという一人の白人が、モニュメントバレーに入植した。が、すぐに全米では世界恐慌の嵐が吹き荒れ、モニュメントバレー周辺に暮らすナバホ族の人々も、苦しい生活に喘いでいた。

その窮状を見たハリーは、ハリウッドで新たなロケ地を探しているとの情報を得て、なけなしのお金でハリウッドまでの切符を手に入れ、映画会社を訪ねた。

最初は門前払いを食ったが、ハリーの持参したモニュメントバレーの写真を見たジョン・フォード監督は、その景色に一発で魅了され、その3日後から、映画『駅馬車』のロケは始まったといわれている。

それを機に、多くの映画人がハリウッドからこの僻地を訪れ、それと同時に、ナバホやそれ以外のネイティブの部族たちの生活も潤ったといわれている。

実は日本を出る時、ボクは心の中で、このネイティブ・アメリカンの人々に対し、どことなく親近感を持ったあこがれを抱いていた。

勇壮な姿で馬を駆り、大地と共に生きる、誇り高き人々……。なるほどあこがれは分かる。では何故、親近感を？ ボクは身長180センチ近くあり、顔付きもどちらかといえば日本人離れしている。で、昔から、映画に登場するインディアンに似ているといわれていたのだった。まあその当時の日本人の知識からすれば、その意見はかなりいい加減であると思われるが、それでも未だに、現地で地元の人と間違えられることを鑑みれば、当時の知識不足の日本人の感覚は、案外、的を得ていたのかもしれない。

まあボクとネイティブの人たちとの繋がりはどうでもいい。だが彼らと会うまでは、愚かな夢想を抱いていた。

が、実際に現地でネイティブ・アメリカンの人々と接した時に、彼らの生活水準の低さや、白人社会での差異を見せつけられ、それまでの己の無知を、大いに恥じたのであった。後にオーストラリアでも同じような現状を目にすることになるが、後からこの地にやって来た西欧人たちの都合によって、ネイティブの人々は先祖代々の土地を奪われ、生活習慣を奪われ、古来よりの文化を奪われ、生きる目的を見いだせない人々も少なくはなかった。確かにアメリカ政府は「リザベーション」(居留区)という名のもとに、彼らの生活を「最低限」保証しているかもしれない。が、経済的に生活を保証しても、古来より連綿と続く生活習慣を奪われたら、人生そのもの自体の目的を失うに等しい。目的を失ったネイティブたちが酒に溺れ、ボロ雑巾のような姿で、スーパーマーケットの駐車場に居る姿を目の当たりにして、底のない深い哀しみに包まれた。

そのような文化の壁、言葉の壁、自然の大きさなど、すべてに圧倒され、ボクは人知れず、大きな敗北感を味わっていたのだ。

しかしその旅で味わったのは敗北感だけではない。

その旅の最終目的地は、ニューメキシコのサンタフェだった。

LAを出発して、約10日間かけてサンタフェに到着したのだが、その街は、これまで見たどの街より美しかった。

1957年というから、ボクが生まれる一年前。今からすでに60年以上も前に、サンタフェで一つの条例が締結された。その条例とは、街を形成する建築物を、あるスタイルに統一するというものだ。

そのスタイルとは「スパニッシュコロニアル（スペイン植民地様式）」か、「プエブロ・スタイル（もともと現地で暮らす人々のスタイル）」のどちらかのスタイルである。

プエブロスタイルの家というのは、「アドベ」と呼ばれる日干し煉瓦を積み重ね、さらにそこに漆喰のような茶色の泥を塗り固めていく。建物のほとんどは土色の泥で塗り固められているのだが、ドアや窓のフレームは、鮮やかなターコイスブルーに彩られ、その玄関には、魔除けのために大きなチリ（唐辛子）が飾られている。

いささか誇張していえば、サンタフェの街には、このサンドベージュ、ターコイスブルー、チリレッド、この3種の色しか存在しない。

まるで街全体がインディアン・ジュエリーのように美しい。

街の中心地に建つ由緒あるホテル「ラ・フォンダ」も（サンタフェ・トレイルの終点地でもある）、銀行も、コンビニエンス・ストアも、レストランも、すべて色が統一され、のんびりと街を散歩しているだけでも、美しい映画のセットの中を歩いているような錯覚に陥る。

その時、ボクは密かに思った。

いつかは分からない。だがいつか自分が家を建てるのなら、必ず、このサンタフェ・スタイルの家を建てよう。

その夢は、それから12年後に実現することになるのだが、その時は、旅で受けた「敗北感」に包まれ、小さな夢は砂漠を吹き荒れる風の中に落とした一本の針のように、大量の砂の中に埋もれてしまったのである。

ナバホ族の聖地ともいわれるモニュメントバレー

コラム 1

旅の心得

旅をする時に、いつも三つのことを心がけている。

1　笑顔
2　謙虚な気持ち
3　相手に対する理解

国の内外を問わず、この三つを、いつもココロの中に留めておけば、なんとなく上手くいく気がする。

まずは笑顔。

単純なようだけど、これは結構大切。

今では多くの欧米人が日本にやってくるので、彼らと接する機会も多いと思うが、彼らはいつでも笑顔を絶やさない。もちろん中には仏頂面の欧米人もいるが、特にアメリカ人の多くは愛想が良くて笑顔で接してくれる。

何故か？

それは彼らの歴史から来るものだ。

アメリカ大陸を発見したのはアメリゴ・ヴェスプッチというイタリア人の探検家だ。

もちろん同じイタリア人のクリストファー・コロンブスの方が新大陸を発見したので有名人なのだが、コロンブスは新大陸をインドだと主張し、かたやヴェスプッチは新大陸だと主張した。

まあ諸説あるが、アメリカという国名が、アメリゴから由来しているのは広く認識されている。

いずれにしてもヨーロッパから多くの移民が新大陸に入植して、アメリカは一つの国を築き上げた。従って、そこでは多くの言語が使われ、多様なる生活様式が根付いていった。だからそこには日本でいうところの「阿吽の呼吸」というモノは存在しない。

日本は四方を海に囲まれ、単一民族で、方言こそあれ、同じ言語を使い、同じような生活様式の中で歴史を育んできた。

言葉に出してわざわざ言わなくとも、その人の表情から、感情が読み取れる、というワケである。

ところが新大陸に暮らす人々は、その短い歴史の中で、「ＹＥＳ」「ＮＯ」をはっきりと告げ、とりあえず相手に対して敵意がない印に笑顔で接する。つまり笑顔は自分を守る最大の武器なのである。

笑顔の次は謙虚さだ。

どこを訪れるにしても、相手の文化の中に入っていくのだ。自分の価値観や考えを押し付けるようなことがあってはならない。

直木賞作家である故、景山民夫氏は、「田舎者の定義」を次のように捉えている。

「田舎者とは、住んでいるところが都会か田舎か、ということではない。都会に住んでいようと、田舎に住んでいようと、自分の価値観を相手に押し付ける者が、田舎者と呼ばれるのである」

つまりハイソサエティなる者は、己の価値観を他者に押し付けることなく、互いの価値観の共有部分を尊重し、そこから新たなる価値観を生み出していくのである。

かつて冒険家の植村直己氏がエスキモーの村を初めて訪れた時に、エスキモーからご馳走だと言われて、生きたままアザラシの胃袋に詰められた小鳥が提供された。半年の月日を経たその小鳥は、アザラシの胃袋の中で死に、そのまま発酵をしたグロテスクな食べ物だった。が、ここで食べることを辞退したら、その村に溶け込むことはできないと判断した植村氏は、無理に飲み込んで、吐き出しそうになるのを我慢し、胃袋と口を2、3回往復させながらも、それを食べ終えたという。

まあこれは特殊な話かもしれないが、食べ物は文化の大きな要素。いくら日本食が美味しいとはいえ、訪ねた国の料理を、一口も口にしないのは無礼である。ボクも料理から始まるコミュニケーションの高さはこれまで何度も経験済みだ。

謙虚な気持ちになって、相手の文化を受け入れるべきである。

最後になるが、今、言ったこととも通じるが、相手に対する理解が大切である。

料理もそうだし、映画、音楽、小説、建築物、絵画、自然、歴史……どんな話題でもいいから、その国の人々が持つ文化の一端を知り、そのことを話題にするアプローチが大切だ。詳しいことはなにも知らなくてもいい。ちょっとしたことでも相手にとっては嬉しいのだ。

例えば日本に来た外国人が、富士山以外に「イチロー」や「ハルキ」、それに「サカモト」

と口にすれば、なんとなくその人に親近感が湧くではないか。日本国内にいれば、それほど感じないかもしれないが、海外に行ってそのようなことを口にする外国人と接すると、その人との会話を愉しみたくなる。

どんな小さなことでもいいのだ。押し付けるだけではなく、教えを乞い、理解を深めるのだ。

普段の自分が社会的にどのような立場に居るのか？　それは旅先ではまったく関係のないことで、それらを振りかざしても、いい結果は決して生まれない。

笑顔で接し、謙虚な気持ちで相手を敬い、そして現地の人々の価値観を理解して受け入れる。

単純だけど、それだけで旅はぐっとラクになる。

第二章

ランとの出会い

トライアスロンで出会った、理想の生活　～ボーダー・トゥ・ボーダー～

長女が産まれた時に、記念にフルマラソンを走った。

出産の苦しみは相当につらいらしく、我が妻に言わせると、その苦痛を男が味わえば、痛すぎて死んでしまうそうだ。本当に死ぬかどうかは試した例が世界でもないと思われるが、話に聞く限りでは、死ぬほど痛いのは理解できる。

妻にだけつらい思いをさせて、自分だけがラクして父親になれば、後々、そのことで妻からなんらかの愚痴を言われそうだ。ということでフルマラソンを走ることにした。

ある人に言わせると、フルマラソンの42・195キロは、その数字から「死《4》に《2》に行《1》く《9》が如《5》し」といわれているそうだ。かなり無理のある語呂合わせだが、分娩の際に死ぬほどの痛みを伴うことを鑑みれば、「死にに行くが如く」走ることは、出産に匹敵する大仕事である。

が、実際に初めてフルマラソンを走って、「死にに行くが如し」はあまりにも大袈裟だと思った。しかしそれはタイムをまったく考慮しないことを前提とした話である。

ちなみに3時間を切る人は、敬意を込めて「サブスリー・ランナー」と呼ばれ、市民マラソン・ランナーの中ではヒーロー的な存在となる。自分には3時間を切る才能はないことが最初から分かっていたので、タイムではなく、距離にチャレンジすることにした。そこでフルマラソンより長い距離を走るトライアスロンの存在を知り、その出場に向けて練習を始めた。

その練習を始めたころ、知り合いから「アメリカで面白いトライアスロンがあるから、一緒に出ないか?」と誘われた。

通常のトライアスロンは最初にスイム、次に自転車、そしてフルマラソンの3種の競技をこなすが、その知人の言うところの「面白いトライアスロン」は、自転車、マラソン、カヌーの3種の競技をこなす。そしてさらに「面白い」ことに、ミネソタ州を斜めに縦断するのだ。その距離800キロ。初日に自転車で320キロ、2日目に同じく自転車で320キロ。3日目はマラソンで80キロ。そして最終日はカヌーを80キロ漕いでゴールである。実際には3日目までは交代で走るので、その距離は半分になるが、それでもかなり壮大なレースである。

ミネソタ州の南にはアイオワ州があり、北側はカナダである。ミネソタ州とアイオワ州の州境からカナダの国境まで走るので「ミネソタ・ボーダー・トゥ・ボーダー・トライアスロン」という名前が付いている。

「いや、確かに面白いとは思うけど、カヌーなんて漕いだことないよオレは」と、その知人の誘いを断ろうとすると、「カヌーなんて、なんとかなるでしょ！」とその知人は食い下がる。結局は、その知人の口癖「なんとかなるでしょ」を、渡米&レース中に何度も耳にする羽目になるのだが、我々はその「ミネソタ・ボーダー・トゥ・ボーダー・トライアスロン」という、ネーミングも距離も長いレースに向けて練習を開始した。

ミネソタは「テン・サウザン・レイク・ステイト」という渾名が付いている。実際に1万もの湖があるかどうか知らないが、州北部には確かに湖が多い。そして「ツイン・ステイト」という渾名も持っている。これはミネソタの州都がミシシッピーリバーを挟んで、ミネアポリスとセントポールの双方の都市からなっているからだ。

東京からシアトルでトランジットの後、我々はミネアポリスの街に到着。まずはカヌーの購入からその旅は始まった。走るのには靴が必要だ。もちろんこれは日本から履きなれた靴を持参した。さらに自転車で320キロもの距離を走るのだから、これも日頃、練習をしている自転車を持参した。で、カヌーである。カヌーなんて日本から運べば、おそらく現地で購入するコスト以上が掛かってしまう。これは現地調達することで、その知人と合意に達していた。

ミネアポリスから南に少し行くと「ベルプレイン」という街がある。その「ベルプレイン」のカヌー・ショップに行き、どのカヌーを購入すべきか悩んだ。

レース出場以前に、そのレースで使用するカヌーをどれにするかで悩むところからして、「なんとかなるでしょ!」感、満載である。

あれこれ悩んでいると、カヌー・ショップの女主人が、「じゃあ一度試してみれば」と勧める。

「試す」って言っても……と怪訝な表情を浮かべていると「こっちについて来て」と彼女は手招きをする。

彼女の後をついて行って、その光景に驚いた。

ショップの裏庭は綺麗に芝生が敷き詰められており、その美しい緑の庭は、そのままミシシッピー・リバーの支流であるミネソタ川に繋がっている。そしてその川では、日本で皆が自転車に乗るような雰囲気で、カヌーを漕いでいるのだ。

そこで暮らす人々の日常の中に、カヌーが完全に溶け込んでいる。

その光景にショックを受けた。カヌーのパドルで頭を殴られたような衝撃だった。

レース出場が決まってから、日本でも何度か（5回ほど）カヌーの練習をした。その練習をするために、クルマを何時間も走らせた。それでもその練習場所は、決して美しい場所ではなかった。それに比べてここの人たちは、家の裏庭から、こんなにも美しい風景の中をパドリングしている。

当時ボクはたまプラーザに住んでいた。渋谷に出るのにも、横浜に行くのにも、渋滞にハマるか満員電車に揺られた。ボクが、渋滞の国道２４６でイライラしている時に、ここの人たちはこんなにも優雅にカヌーを漕いでいる。

日頃、満員電車で自分の手と足がどこにあるのか分からない混雑の中で汗まみれになっている時に、彼らは湖上で笑顔を浮かべて挨拶を交わしている。

人生はあまりにも不公平だった。不公平だったが、その時、衝撃の中でなにかがパチリと音を立てた。その音は最後のパズルが収まる音だった。

その6年前、ボクは初めての渡米でサンタフェに行った。そのサンタフェの街の美しさに魅せられ、もし将来、自分が家を建てるのなら、サンタフェ・スタイルの家が理想だと思っていた。が、その家をどこに建てるのか？　それはまったく想像が付かなかった。

だがミネソタの川の畔で、最後のパズルが埋まった。

毎朝、カヌーができるような風景の中で、サンタフェ・スタイルの家を建てる。

そしてその夢は5年後に実現することになるのだが、その時には目の前に別の大きな課題があった。

マトモにカヌーさえ漕げないのに、カナダの国境まで80キロもの距離を漕がなければならないのだ。しかもそれまでに自転車とランで620キロも走らなければいけない。

ホントにそのレースの完走は可能なのか？

レース前日に前夜祭に行って、さらなる驚きが待っていた。

レースに誘った知人が、宿の手配をしていなかったのだ。

「いやオレはてっきりレース主催者が宿を用意してくれていると思った」と、その知人は、自分にはなんの落ち度もないといった風情で言い訳をする。

「ま、なんとかなるでしょ！」と、その知人。

国内の通常のマラソンでも、レース前日はリラックスできる環境の中、熟睡すべきだと常日頃から心がけているが、4日間もの厳しいレースを控え、我々は善意で宿泊場所を提供してくれた地元の人の家のベッドの脇で、ごろ寝をする羽目になったのである。

そんな状況で迎えたレースだったが、順位やタイムに関係なく、そのレースは素晴らしい経験をボクに与えてくれた。

永遠に続くかと思われる広大なるトウモロコシ畑の中の一本の道を、信号機に邪魔されることなく自転車で走り続ける。ミネソタ南部の地形はほぼフラットで、自分がどこまでも無限に走っていけるような気になる。

初日、2日目と我々はほとんどビリの順位で、自転車のステージを終えた。

3日目になると、アップダウンの激しい道が続くが、マラソンは我々にとっては得意種目。全体の7位まで順位を上げた。

そして最終日のカヌー。予想通り、最後尾の順位だったが、それでも無事にゴールであるカナダ国境のクレイン・レイクの畔にたどり着けた。

4日間、合計38時間42分。参加出場65チーム中、総合で48位という順位だったが、順位なんかどうでもよかった。

広大なミネソタ州の大自然の中を、南から北まで走りきり、その間に多くの友人もできた。これまでに見たこともないような風景の中を走り回り、他のチームの人々から応援を受け、人と競うことだけがレースではないと実感した。出場選手全員と、旅を続けているようなレースだった。

レース後の表彰式で泥酔して、気が付いたら、カヌーの時のドロドロの靴を履いたまま、ベッドの上で目覚めた。もちろん布団など掛けていない。が、胸にはしっかりと完走証のメダルが掛かっていた。

それまでの人生で味わったことのない達成感に包まれ、ボクは4日間の汗と泥を落とすべくシャワーを浴びた。

世界一過酷なレース　～レイドゴロワーズ～

90年、91年と、2年連続して「ミネソタ・ボーダー・トゥ・ボーダー」というトライアスロンに出場した。

こうなるともう止まらない。

もっと過激なレースに出てみたくなる。ちょうどそのころは、マガジンハウスの雑誌『ターザン』にモデルとして登場していた。編集部のスタッフとも懇意になり、あれこれ情報が伝わってくる。

「ある有名なカメラマンが、取材を兼ねて面白いレースに参加したらしい」

オー！　来た来た！　皆、過激なレースを「面白いレース」と表現したがる。

そのレースというのは……。

かつて「レイド・ゴロワーズ」というレースがあった。あまりにも過酷すぎて、死者も出て、いつの間にか姿を消してしまった。今でも少し形を変えて、実施されていると聞いたが、「レイド・ゴロワーズ」としてのレースは、今はない。

フランス語で「レイド」とは「レース」という意味である。昔、フランス人は「ガリニア人」と呼ばれていたが、それがなまって「ゴロワーズ」。つまり「フランス人のレース」という意味である。

主催者はジェラール・フジール。かつて「パリ・ダカール」に関わっていたらしいが、「人間版パリ・ダカール」をつくろうと思い立ち、1989年にニュージーランドで第1回目のレースを開催した。

90年の第2回目のコスタリカの大会に、写真家でジャーナリストでもある桃井一馬氏が参加した。

コスタリカでコカインに絡む裏社会を取材している最中に、このレースのことを知り、取材を申し込んだらしい。主催者は「取材するなら実際に出場しろ」とオファーし、いろいろな国のジャーナリストと混成チームを作り、その大会に出場した。

競技の内容は開催される国や場所によって異なる。共通するのは1チーム、5人1組である、ということと、チームの中に必ず女性を1人以上含めるということ。そして主催者が決めたチェックポイントを地図を頼りに通過して、5人全員でゴールを目指すというモノ。

桃井一馬氏が参加したコスタリカでは、ジャングルの上空を飛ぶセスナから、パラシュートで飛び降りて、レースが始まったという。

件の『ターザン』の編集部員が続ける。

「桃井さんは、次の大会に日本人だけのチームを結成して、チャレンジするらしいけど、そのチームメンバーを探しているって言っていたなあ……」と言って、ニヤリとしながらこっちを見る。

「えーっと……その桃井さんって紹介してくれます？」とボク。

「そうくると思ったよ！」と、その編集者は笑って、桃井さんの連絡先を教えてくれた。

「精神的なストリップを見てみたいんだ」

桃井さんに会った時に、レースの動機を訊ねると、このように言った。

「つまりこういうことなんだ。女性1人を含む5人という組み合わせは、もっとも小さな社会なんだ。女性を弱者と決めつける訳ではないが、ガンガン先に進もうとする者と、体力やスキルの限界を感じ、休もうとする者に分かれる。食うや食わず、睡眠もほとんど摂れない厳しい状況の中で、きっとチーム内で亀裂が生じ、喧嘩もする。その時に、人は普段は他人に見せない自分の本性を剥き出しにする。オレはそこが見たいんだ」

古くから「衣食足りて礼節を知る」といわれている。人は必要最低限のモノが満たされてこそ、礼儀を心がける余裕が生まれる。充分な睡眠を、満足のいく食事を摂ることができない状況の中、フィジカル、メンタル両面で追い詰められる、その時に出る自分の本性……。

これはかつて自分にはない試練だった。確かにそれまでにフルマラソンは2回完走している。そしてミネソタ州を縦断するレースにも2回。その他、大小、さまざまなレースに出場しているが、そのどれもがフィジカルなつらさのみであった。どんなつらいレースでも、それが終わればビールを呑んで、美味しいモノを食べ（またこれが旨いんだ、レースの後は）、充分な睡眠が摂れる。が、今回のレースでは12日間にわたって、過酷な状況に追い込まれるのだ。それと同時にそのような状況の中で自分がどうなるのか？　それも見てみたかった。

「是非、ボクをチームメンバーに加えて下さい！」

ボクは桃井さんに頭を下げた。


それから3ヶ月後、ブラジルのアマゾンでの取材から帰国した桃井さんの言葉に腰を抜かしそうになった。

「レースはすべてトウキチさんに任せる。オレはそんなことをしている場合じゃないと気付いた。アマゾンの環境破壊は、想像を絶するくらいの速さで進んでいるし、それは言い換えれば、この地球の環境破壊が進んでいるということなんだ」

確かに地球環境の問題は深刻さを増しているのは分かる。が、突然、レース出場を指揮する司令塔が辞めるなんて、どうすりゃいいのよ？

しかし嘆いている場合ではない。その年の暮れにはレースは始まるのだ。残された時間は8ヶ月しかない。

毎度のことながら、泥縄式にチームメンバーを再編して、我々は第4回目の「レイドゴロワーズ」が開催される、中東のオマーンへと乗り込んだ。

初めての海外旅行でバリ島に行って以来、さまざまな国を訪れたが、イスラム国に行くのは初めてだった。（インドネシアはもっともイスラム教徒の多い国として知られているが、バリ島だけはヒンズー教徒が多い）89年にモルジブ島にダイビング雑誌の取材に訪れた際に、イスラムの人々が愛想のないことを実感していたが、オマーンの国の人々も同様で、なんだか皆、怒っているように見える。街は雑然とした雰囲気が漂うが、モスクを模したホテルは贅を極め、20年ほど前まで鎖国をしていた国と思えないほど、洗練されて美しい。

その前年、スペイン南部の街「グラナダ」に建つアルハンブラ宮殿を取材で訪れた。あまりにも美しい装飾を施した建築物に感嘆していたら、ガイドの女性が「アラブの人々は、この世にパラダイスを作ろうとしたのです」と説明してくれたが、我々が宿泊した「アル・ブスタンホテル」も、この世のパラダイスのように美しい。

そしてなによりも感激したのは、野菜料理の美味しさである。

もちろんイスラムでは豚肉の食用が禁じられているが、その他の肉料理も食べる機会が少なく、美味しいベジタリアン・レストランが多い。日本でベジタリアンというと、サラダくらいしか思い浮かばないが、この地のベジタリアン・レストランに行くと、「ホントにこの料理に肉は入っていないの？」と思えるほど、バラエティーに富み、かつボリューム満点で、これなら自分もベジタリアンになれるかもしれない、と感じるほどだ。（実際にオマーンから帰国後、ボクは約1年半、ベジタリアンになった）

思いがけず、美味しいベジタリアン料理と、美しい建築物に出会ったオマーンであるが、レースは予想以上に、過酷を極めた。

初日、1チーム5人に対して、馬が2頭与えられ（厳密に言えば、ベドウィン族と交渉して馬を得て）、乾季には水が干上がる「ワジ」と呼ばれる川底を、約50キロ走る。

その後、約200キロ、山の中を彷徨い、下山して、アラビア海を100キロ、シーカヤックで渡る。

そして再び200キロ、山岳ステージの後、約50キロ、砂漠をラクダに跨ってゴールである。

まずは初日の馬のステージで、チームメイトの女性が、低空飛行の取材ヘリの爆音に驚いた馬から落ちて、腰の骨を骨折、その場で腕を8針縫うことになった。その直後、今度はボクが400キロもある馬の下敷きになり、足の小指を骨折した。が、彼女もボクも、そんなことで弱音を吐いて、チームメイトに迷惑をかける訳にはいかない。2人とも緊急メディカル・サービスのスタッフに強くテーピングだけ施してもらい、レースを続けた。が、レース4日目のシーカヤックのステージで海が荒れ、チームメイトの1人がカヤック内で意識を失くし、結局は海上警備艇に救いを求め、我々はレースをリタイヤすることになった。

だが驚いたことに、そのような目にあったチームは我々日本人だけではなく、55チーム参加したうちの、25チームが同様の事態に陥っていたのだ。あるチームなどは、全員が海に投げ出され、救出されるまで、その周囲をハンマーヘッド・シャークが泳いでいたというから恐ろしい。そういえば、オマーンの隣国であるイエメンは、フカヒレの産地として知られている。

主催者のジェラール・フジールはこの事態を重く受け止め、緊急救済措置として、海で遭難した25チームに対し、順位は認めないが、レース復帰は許可するとの発表を行い、我々も残りのレースを続けることができた。

もちろん最初から高順位を目指した訳ではない。この厳しいレースで完走できればそれで充分だと考えていた。

それに実をいえば、渡航費やレースの準備などに、高額の経費が掛かっていた。（なにしろエントリーフィーだけで２４０万円だ）その工面に、関係各所、いろいろな企業から協賛金を募っていた。せめて完走しなければ、それらの企業に対して、チーム・リーダーとして面目が立たない。

が、もう途中からこのレースに嫌気がさしていたことも確かだ。

自分にとっての初めてのフルマラソン出場は、長女の出産を記念してのことだった。そしてその後、いつも家族の存在を支えにつらいレースを乗り切ってきたが、今回の「レイドゴロワーズ」は違った。協賛企業や、このレースの模様を掲載するメディアのために、傷だらけの仲間と共に、レースを続けていたのだ。

それでもなんとか12日間、歩き続けて我々はゴールした。最後は３人抜けたアメリカチームのメンバーと、２人が抜けたフランスチームとの混成チームで、皆で肩を組んでゴールした。

一旦、カヤックのステージでレースを中断しているので、順位は認められない限定的なゴールではあったが、それでも日本人チームは5人全員揃っていた。チームリーダーとして、なんとか役割を果たせた気がした。

だが、さきほども言ったように、当初の目的からは随分と外れていた。

愛する家族のためなら、どんなつらいことでも耐えられる。その笑顔や逆に泣いた顔（これがまた愛おしい）を思い浮かべるだけで、また一歩、前進できる。だがレースはあまりにも多くの経費が掛かり、それを捻出するために、あまりにも多くの人々が関わっていた。

単純に個人的なチャレンジとは少し違った形になっていた。

正直、いささかの悔しさは感じた。が、逆にこれを追いかけすぎると、自分はまったく別の自分になるのではないか？　という恐れもあった。

ゴールした瞬間、しばらくはこのようなレースから距離を置こうと思った。

コラム 2

「スーパーエイジャー」について

人は誰しも、いつまでも若くありたいと願う。もちろんボクも例外ではないが、それは見た目のルックス以上に、考え方や脳そのものが、若く、柔軟でありたいと強く願う。

マサチューセッツ総合病院の科学者チームが、「65歳以上になっても、脳の機能が20代と同レベル」といわれる「スーパーエイジャー」17人について研究し、その結果を発表した。

その研究結果を見ると、「スーパーエイジャー」と呼ばれる人たちの脳内には、厚みのある領域がたくさん見つかったのだが、予想に反してその領域は、クロスワードパズルやオンラインの頭脳ゲームに役立つような「認知プロセス」と関係する領域ではなく、「強い感情」と結びついている領域だと分かったのである。

それではこうした「感情中枢」はどうすれば活性化されるのか？

研究者はシンプルに答える。「難しいことをしなさい」と。

「簡単なことや心地よいことだけをするのは止めることです。仕事が完璧にルーティン化してしまっているなら、新しい役割を加えてその状態を打破しましょう。今している効果的なワークアウトが、それほど頭を使わなくてもできてしまうなら、新しい項目を足すなり、時間を長く、強度を強くしたりすることで、難易度を上げましょう」と提案している。

研究者は「スーパーエイジャー」をアメリカの海兵隊のうたい文句を持ち出して説明している。「痛みを体験すると、身体から弱さが抜けて行く〜Pain is weakness leaving the body」と。つまり「スーパーエイジャー」たちは「大変な努力をして、一時的にはつらくとも、それを乗り越えることに長けている」というのだ。

そして次のようなことにチャレンジすればいいと提案している。

楽器を習う。未知の言語を学ぶ。トライアスロンのような競技に参加する。人前でパフォーマンスをする……など。

いずれにせよ、「ここで覚えておくべきことは、何であれ自分にとって大きな挑戦でなければならないということです。難しくもなければ背伸びをする必要もないことなら、全然効果はありません」と指摘している。

ボクはこれに「難易度の高い旅をする」という項目も加えるべきだと思う。

ここ数年、初夏になると、次年度の旅の企画をあれこれ立てる。半年以上も前に次の旅の企画を練るのは、人気の高いトレイルを歩くには、バックパッカー事務局の許可を取らなければならないためで、半年前に予約が埋まってしまう場合もある。キャンプ場も同様だ。またアメリカのレースの多くは、早いエントリーだと、エントリーフィーも安くなることが多い。

トレイルの許可を取る。レースのエントリーを済ませる。そして次に地図を眺め、どこをどのように回れば、効率よく旅が続けられるのか？　それらを検証し、「ここからここはレンタカーで陸路。ここからここは国内線を使って空路」などとルートを構築して、最終的にキャンプ場やモーテルの宿を予約していく。その際にもタイトな予約を取ると、なんらかのアクシデントがあった時に総崩れにならないように、予約のない日を設け、その日は現地で宿を探す。

こういうことを半年前からあれこれ考え、それと同時に、体力作りのために、秋から冬のトレーニング・メニューや、国内のレースのエントリーなどを考える。

つまり半年前から頭と身体をフルに使い、いざ本番の旅でもそれ以上の能力を駆使するのである。

数年前、キャンプ場のオペレート、カヤック教室やツアー、それに本業であるメディア関係の仕事に忙殺され、酷く、疲れを感じたことがあった。

ようやく忙しさから解放され、「とにかくのんびり過ごしたい」と強く願い、友人がシェフを務める白馬のリゾートホテルに宿泊し、友人が提供してくれた豪華なフレンチを味わい、シャンパンやワインを嗜み、温泉に浸かり、ゆったりとした時間を過ごした。翌日、ホテルをチェックアウトする時にエレベーターに乗り、その壁にあった鏡に映った自分を見つめた。綺麗めなセーターの上に濃紺のブレザーを着たその姿は、自分でいうのもなんだが上品な初老の紳士に見えた。が、なんだが自分がひどく年老いたように感じた。

ところがその逆に、山で野宿をして、小さく窮屈なテントで眠り、翌日にそこからさらにトレイルを走り、汗まみれで野営地に戻り、テントなどすべての機材をバックパックに詰め込み、それらを担いで山を下りる瞬間、まるで自分が30代のころに戻ったような錯覚を覚える。足のところどころが擦りむけ、日焼けし、靴がドロドロになり、重い荷物を担いで歩きながらも、精神は高揚し、内なる力が漲っていくのを実感する。

「不老長寿」とは、決して己を休ませることから生まれるのではない。身体を酷使し、能力をフルに発揮し、自分の能力の限界に近い状態に持っていってこそ、人は「若さ」を得るのである。

数年前に世界的ベストセラーになった『Born to Run』（コッパーキャニオンやワラーチプロジェクトの項、参照）に次のような教訓がある。

「人は老いるから走れなくなるのではない。走らないから老いるのだ」

今現在、仕事や育児に忙殺され、いつかはそれらから解放されて、老後はのんびりと過ごしていたいと考えているアナタ！　そんな妄想（笑）はすぐにゴミ箱に捨て去った方がいい。

老後なんていう言葉はこの世に存在しない。いつまでも他者から必要とされ、忙しく身体と脳を酷使していてこそ、人は幸せになれるのである。

第三章

アドベンチャー・ライフ

トニーが教えてくれた「人生で大切なこと」

海外で、しかもアメリカでキャンプをすると言うと、皆、決まって「治安とか大丈夫なの？」と心配する。しかも1歳になったばかりの息子を連れてアメリカでキャンプすると言った時には、周囲のみんなは驚きを超えて呆れ顔で、それは親の身勝手だと決めつけた。

ここで幼い子どもを連れて旅に出る是非を考えたい。

今現在、我が娘は7歳と5歳の2人の娘を育てている母親だ。で、4年前の年末、次女の1歳の誕生日をタイのプーケットで迎えることにした。この旅はボクも同行したが、ボクにとっても、娘の家族にとっても、とても愉しい思い出となった。

ところが娘の友人の中には「そんな幼い時に旅に連れて行っても、まったく記憶に残らないし、幼い身体には負担でしかない」と、批判的に言う人もいたという。

これはよく分かる。ボクも散々、言われてきた。

おそらく、1歳とか2歳で旅をしても、ほとんど記憶に残らないし、旅の状況によってはつらい経験になるかもしれない。

だが、ここでちょっと我が子たちのキャンプ・デビューの月齢のことを記したい。長女のキャンプデビューは生後3ヶ月。長男は2ヶ月で、次男はやはり3ヶ月だ。もちろん彼女、彼らの記憶には微塵も残っていない。

が、長女が2歳の時、友人の娘さんが我が長女と同い年で、一緒にキャンプに連れて行くことになった。父2人と娘2人のキャンプ。今でいうところの「イクメン・キャンプ」である。

で、テントを建て終わり、夕食前に友人と一杯やっていると、友人の娘さんが「パパ！帰ろうよ！」と言って愚図りだした。するとすかさず我が娘はテントを指差し「アノね、今日のおウチはこのテントなの。だから今日はここで寝るんだよ」と言い聞かせる。それまでに我が娘は、10回近くキャンプを体験している。だからテント泊するのに、なんの抵抗もなかったのである。

このように、2歳にもなればすでに環境に対する順応性や抵抗力が生まれる。なるべくなら、順応性の高い子どもに育てた方が、本人も親もラクなのである。

次に次男の例を見てみよう。

次男が生まれた夏、ボクは富士五湖の一つ、西湖の湖畔でキャンプをしていた。7月末から始め、すでに3週間が経過していた。但し、プライベートではなく、ずっとさまざまなメディアの取材が続いていたのである。

お盆休みにその取材も一息ついたので、横浜の自宅に居る妻に電話して、子どもたちの様子を訊ねた。

「みんな元気だけど、次男の汗疹が酷くて、まるでジャガイモみたいな顔になっている」

と妻は電話の向こうで苦笑する。

実は我が妻はエアコンが苦手で、真夏でもエアコンを切って就寝する。真夏の横浜でそれをやったら、次男の顔がジャガイモになっても決して不思議でない。

ボクは提案した。

「仕事も一段落したし、残りの夏休みをこっちに来て一緒に過ごさないか？」

妻はなんの躊躇もなく、ボクの提案に同意して、翌日から一緒にキャンプ生活を始めた。

西湖の標高は900メートル。夏でも涼しい。

すると驚いたことに、ジャガイモの次男の顔が3日もしないうちに、突き立ての餅のようにすべすべに回復し、兄、姉と共に、毎晩、ぐっすりと熟睡したのである。

このように、「旅」は子どもたちの意外な面を発見できる機会に恵まれている。

毎日、同じルーティーンを繰り返すことは容易いが、そのルーティーンからは、子どもたちの成長や逞しさ、または意外な側面を見出すことは難しい。

さて冒頭の話題に戻ろう。

長男の1歳の誕生日を、サンフランシスコから東に300キロほどの距離にある、レイクタホという巨大な湖で過ごす計画を立てた。もちろん全日程、キャンプである。

実はその前年にテレビの取材でこのレイクタホを訪れ、その自然の素晴らしさに感動したのである。その取材は長男が生まれて1週間目のことで、ボクは心の奥底にあった罪悪感から、日本に居る妻に電話して、1年後の来訪を約束したのだった。

こうして我々家族の、初のアメリカ・キャンプ旅行が始まった。

まずはサンフランシスコの空港でミニバンをレンタルする。己にとっての最初のアメリカが、クルマでの移動だったので、アメリカ到着後にクルマをレンタルすることは、自分の旅のスタイルの基本となってしまっている。

そのままバークレイにある「REI」（今現在、全米で160店舗以上のチェーンを有する、アウトドア商品の小売店。レンタルも行っている。実は前年、取材に来た時にメンバーに入会していた）に行き、キャンプに必要な道具を購入したり、レンタルする。

そしてその他に必要なモノを揃えるためにサンフランシスコに2泊滞在して、我々は2週間のキャンプ旅に出掛けた。

レイクタホはカリフォルニア州とネバダ州に跨る巨大な湖で「タホ」とは、元々、この地に居たネイティブの原住民の言葉で「薄い」という意味である。「薄い」というのは「透明度が高い」という意味であり、その名前の由来の通り、まるで南の島の美しいビーチのように、青々と透き通った湖である。但し！　水温は低く、夏でもウエットスーツが必要だ。（アメリカ人は裸で泳いでいたが、どうも彼らの温度に対する感覚が未だに理解できない）

そのキャンプ滞在中、一組の家族と仲良くなった。きっかけは娘である。当時、4歳になった娘はとても社交的で、誰とでもすぐに仲良くなる。で、その家族の同年齢くらいの娘さんと仲良くなり（お互いに言葉はまったく通じないにも関わらず！）、いつの間にか、家族ぐるみで仲良くなった。中でもその娘ちゃんの祖父であるトニーとボクは仲良くなり、夕食前に一緒によくビールを呑んだ。（祖父といっても、まだ50代中盤だったと思う）

「オレは随分と前に離婚したが、娘夫婦とは仲良くてね」と、トニーは隣のキャンプサイトで夕食準備をしている家族の方に目を向ける。

「こうして娘の家族とよくキャンプに出掛ける。孫たちもいつも一緒で、オレのキャンピングカーを気に入ってくれている」

トニーは小型ながら、とても使い勝手がよく、快適そうなキャンピング・トレーラーを所有していた。それを引っ張って、広いアメリカを旅することは、きっと愉しいことに違いない。

「若いころから、仕事より遊びを優先させたから、今でも自分の財産といえば、このキャンピングカーだけだよ」と苦笑いして、ビールを呑む。ボクも相槌を打ちながらビールを呑む。

「トウキチ、オマエは幾つになる?」

「31歳になった」と答える。

「そうか30歳を過ぎたばかりか……その年齢で、幼い子どもたちを連れてアメリカでキャンプをすることは、決して容易なことじゃないと思う。だが、これからももっともっと、家族でいろいろなところに旅するといいよ」

そう言いながら、トニーは真剣な眼差しでボクの目を見つめた。

「さっきも言ったが、オレの財産といえば、あのキャンピングカーくらいだ。オレの友人には、オレよりもっと成功して、多くの財産を持つ者もたくさんいる。が、彼らは仕事ばかりしてきたので、リタイヤした後も、孫たちとどう接してよいか分からない。で、結局はお小遣いをあげることでしか、孫たちの関心を買うことができない。それは決して幸せなことじゃない、とオレは思う」

そう言うと、また一口ビールを呑んで、家族の方に視線を戻した。

「いっぱい遊んだ方がいい。酒もほどほどに呑んだ方がいい。が、タバコはダメだ。あれはなんにもいいことはない」

ここで断っておくが、ボクの英語での会話能力は決して高くはない。だがそんなボクに対して、トニーがこんなにも心のこもったアドバイスを贈ってくれたのは、おそらく我々の旅のスタイルに、なにか深く感じ入ることがあったからであろう。

そうだ、旅のスタイルは、その人そのものを物語る。

高級リゾートで長期滞在する者。都会でショッピングや食事を満喫する者。バックパック一つ担ぎ、安宿を点々と移動して行く者。経済的に豊かであるかどうかの問題だけでなく、旅のスタイルは、その人の志向、思考、嗜好を如実に反映させるのだ。

トニー、ボクはとっくに、あのころのあなたより年齢を重ねてしまったけれど、あれから30年近く、あなたのアドバイスを守って、さまざまなフィールドで遊び続けて来た。そしてつくづく、そのアドバイスに従って生きて来たことに感謝している。ホントに有難う！

幼い1歳の長男を伴っての旅は、自分自身にも、こんなにも素敵なギフトを与えてくれたのであった。

なにが本当の冒険なのか？　〜ヨセミテ・ビレッジ〜

先日、Netflixで『Valley Uprising』というドキュメンタリー映画を観た。

今ではクライマーたちの「聖地」としてあまりに有名なヨセミテで、1970年代、アウトドア・ウエアの有名メーカーである「ロイヤルロビンズ」の創業者である、その名もロイヤルロビンズ、「パタゴニア」の創業者であるイボン・シュイナードなど、アメリカに於いて「エイドクライミング」（なるべく岩に対して大きなインパクトを与えないで登るスタイル）を提唱したクライマーたちが、クライミングの腕を競い合っていた。それを主軸に当時のカウンターカルチャーを織り交ぜ、とても興味深いドキュメンタリー映画となっていた。

1993年、ボクはマガジンハウスの雑誌『ポパイ』のアウトドア特集号で、このヨセミテをリポートした。

サンフランシスコから約4時間、LAから6時間ほどの距離にありながら、そこには素晴らしい自然が広がっている。

特にクライマーたちあこがれのエルキャピタン、そのエルキャピタンと双璧を成すように聳え立つハーフドーム。その双璧の間にヨセミテ・ビレッジが広がり、多くのキャンパー、観光客でにぎわっている。

ヨセミテ・ビレッジの中には二つの大きなオートキャンプ場があり、その他にはクライマーたちが長期（今では1週間がマックスとされている）で滞在するバックパッカー・ゾーン、そして常設テントと呼ぶべきコテージエリアが2箇所ある。

そしてアメリカ人が一度は泊まってみたいとあこがれているホテルで、1991年にスティーブ・ジョブスが結婚パーティーを行ったことで有名なホテル「アワニー」。

我々の取材目的は、本場アメリカのキャンパーたちが、どんな最新の道具を使い、どのようなアウトドア・クッキングを愉しみ、そしてどのようなアクティビティを愉しんでいるか？　それらを紹介しようという内容であった。

が、肩透かしというのか、アメリカのキャンパーたちは、意外にもとてもシンプルなアウトドア・ライフを過ごしていた。

「あー、このツーバーナー？　そうだねえ、もう25年ほど使っているかな～いやいや、新品を買ったんじゃなくて、オヤジのお古だよ」なんてキャンパーが多い。

それよりも強く感じたのが、アメリカ人は「遊び」に無理しない、ということ。

我々日本人の感覚だと、アメリカ人なら誰しも大きなキャンピングカーを所有しているのでは？　なんて思いがちだが、大きなキャンピングカーを所有しているのは、ほぼ全員といっていいほどお年寄りで、若い人たちはバックパッカー的な小さなテントでキャンプしている人が多い。実はこの取材の前、90年に長男の1歳の誕生に2週間ほど、レイクタホでキャンプをしたことがあるが、その時にも、我々が日本から持参した大型のロッジ型のテントを見て、多くのキャンパーが珍しそうに興味を持っていた。

ヨセミテのキャンパーの中には、テントさえ持たずに、日本の蚊帳のようなものの中に、寝袋だけを並べている人さえいる。

そしてアウトドア・クッキングはというと……。

夕食の時間になっても、ビールを飲みながらトランプをしている若者4人組（男女）に声を掛けてみた。

「あー……今日の夕食？　トランプが終われば、あそこのピッツエリアでピザかハンバーガーを買って食べるよ」なんて答える。

かと思えば、「ホテル・アワニー」のメインダイニングは、山の中のホテルと思えないほど洗練されており、そこで提供される料理は、アジアのテイストを取り入れたフレンチ・フュージョンである。

つまり、アメリカではキャンパーに限らず「遊び」に無理はせず、日本人のように画一的でもなく、自分たちのやりたいスタイルで滞在を満喫しているのだ。

アメリカのキャンピングカーを代表するような存在である「エアストリーム」（銀色のジュラルミンでできた、流線型のキャンピングカー）で、キャンプを愉しんでいる一組の老夫婦に声を掛けてみた。

「このエアストリーム？　そうだね、もう15年くらい乗っているかな……一度、すごい強風に煽られてねえ……こいつがひっくり返った時にはびっくりしたよなあ」と言って、エアストリームのオーナーの老人は横に座る奥さんの手を握って微笑んだ。

「ええ、そうそう。でもこのエアストリームを修理に出したのは、あの時、一回だけだわね」

モノを大切にするんだな……と感心する。

その奥さんの手元を見ると、小さな花束が握りしめられていた。

「その花はどこかで摘んだのですか?」と訊ねると、「この花? いえいえ、自宅の庭に咲いていたのを摘んで持って来たの。今夜の夕食に飾ろうと思って」

テーブルにはキャンドルが立てられている。

「ランタンがあるのに、どうしてキャンドルを?」と質問すると次のような答えが返って来た。

「ランタンは食事の時間だけ。食後はランタンを消してキャンドルを灯すの。だってランタンは明るすぎて、星空があまり見えないじゃない」

要するに、道具、そのものではないのだ。その道具をいかに使うか。道具たちとどのように付き合っていくのか。それがもっとも大切なのである。

ヨセミテで取材を続けていたら、LAで取材をしている別班から、「パタゴニアのイボン・シュイナード氏と対談のアポが取れたので、すぐにLAに戻ってこい」と連絡が入った。

ボクはすぐにＬＡに戻って、パタゴニアの本社があるベンチュラに向かった。

ちょっと緊張気味にイボンに会うと、彼はジーンズにゴム草履という、とてもカジュアルなスタイルで我々を出迎えた。

対談が始まって間もなく、ボクはその前年に出場した「レイドゴロワーズ」の話を、少しだけ、自慢げにイボンに告げると、驚いたことにただ一言「bullshit!」と言った。

「bullshit」とは「馬鹿らしい」とか「デタラメ」という意味である。

いったい「レイドゴロワーズ」のなにが「bullshit」なのか訊ねた。

「冒険とは、何月、何日にやりますから、どこそこに来て下さい、と言ってやるものではない」

イボンは真剣な眼差しで続ける。

「自分の体力、スキル、経験値。それらがすべて整った時に、いつでも受け入れてくれるのが冒険だ。それに誰か、主催者が用意するレスキューに裏打ちされたような冒険は、ホントの冒険とは呼べない」

「私は道具もなるべく排除したい。岩にハーケンを打つのはもってのほかだし、滑り止めのチョークさえ嫌いだ」

なるほど。1970年代に彼らが提唱した「エイドクライミング」の考えは、20年経った今でも健在という訳だ。

「ではあなたにとって、なにがホントの冒険といえるのでしょう?」とボク。

「サーフィンはスゴイ。たった一枚の板で、荒れ狂う波に立ち向かうのはスゴイことだ」

イボンが波乗り好きなことはよく知っている。

「ヨットも素晴らしい。風だけの力を利用して、大洋を横断することは、ホントに素晴らしいことだ」

さらに続ける。

「ヨセミテのエルキャピタンに登ったことがあるか?」

ボクがない、と答えると、当然だな、という表情を浮かべて続ける。

「ヨセミテではエルキャピタンに登るツアーがある。ガイドが付いてくれて、道具も揃えてくれて、約3000ドル払えば、頂上に立たせてくれるそうだ」

そのツアーのことは、昨日まで居たヨセミテで聞いていた。

「例えば世界一高いエベレストに登るのでさえ、ツアーがある。酷いツアー参加者は、自分の寝袋さえ畳まないと聞いたが、エルキャピタンにしてもエベレストにしても、そんなツアーに参加するのと、ヘリコプターで頂上に立つのと、私はなんら違いがないように思える」

そう言って、ボクをもう一度、真剣に見つめ直した。

「もしも君が、そんなツアーを利用せず、自分だけの力でエベレストやエルキャピタンの頂きに立てば、まったく今の君と違う人物を私は見ることになるし、ツアーを使ってそれらの山の頂きに立ったところで、君は今とまったく変らないと私は思う」

ちょっと……待ってくれ。これまでどういうアドベンチャーをしたのか？　と聞くから、「レイドゴロワーズ」のことを言ったまでであって、なんでいきなりエベレストやエルキャピタンなんだ？

といささか、うろたえるが、イボンの言わんとしていることはもっともである。よく理解できる。それにヨセミテに滞在しているキャンパーたちを見ても、イボンの主張を鑑みても、道具と自分の関係性に共通点を見出すことはできる。

それに前年に「レイドゴロワーズ」に出場した後に、自分が何のために、誰のためにレースを続けているのか、分からなくなったが、イボンとの対談で、少しは自分の疑問も解消された気がする。

この対談の後、ボクはしばらくの間、アドベンチャーレースから距離を置き、自分のホントにやりたいことだけを見つめて、その2年後には河口湖の畔へ移住した。そして湖を漕ぎ、山を駆け回るという日常を、ココロから愉しんだ。レースに出場するためではなく、自分の気持ちの赴くままに、アウトドアのフィールドを駆け回った。


2006年の秋、ボクは再びヨセミテに居た。友人と3人で、常設テントの一つである「カレー・コテージ」に滞在し、ヨセミテ・ビレッジのもっと高所に位置するトゥオルム・メドウでトレイルランニングを愉しんだり、ビレッジ内をMTBで駆け回った。

そしてフリークライミングではないが、地元のハイカーと競争しつつ、ハーフドームの頂きにも立った。

通常、ビレッジから頂上まで5時間から6時間の所要時間のところ、僅か2時間半でその頂きに立った。地元のハイカーたちも「オマエたち速かったなあ！」と感心した。

もちろん今でもエルキャピタンにフリークライミングで登るスキルもないし、エベレストの頂きに立つことも不可能だとは思う。それでも日頃から体力を培い、さまざまな自然環境の中で経験値を積み、その経験からあらゆるスキルを身に着けたと思う。道具に振り回されることなく、それらと付き合い、画一的ではない、自分自身の身の丈にあった「遊び」も満喫していると思う。

雑誌の取材で訪れた93年のヨセミテとLAでの体験は、ボクのアウトドア・ライフに大いなる刺激を与えたのであった。

座間味《ざまみ》の少年が教えてくれたこと　〜河口湖へ〜

90年に「ミネソタ・ボーダー・トゥ・ボーダー・トライアスロン」に出場し、その際にカヌー・ショップの裏庭で見た光景に衝撃を受け、「いつかは日常にカヌーがある暮らしがしたい」と思い始めた。

実は91年にも同じレースに出場し、92年にはもっと過酷な「レイドゴロワーズ」というレースにも出場した。

93年に「パタゴニア」の創始者であるイボン・シュイナード氏と雑誌の企画で対談する機会があり、「レイドゴロワーズ」に出場したと伝えると、一言「馬鹿らしい」と一蹴された。

その一言がすべてのきっかけではないが、自分自身の中でも思うことがあり、それからしばらくはアドベンチャー・レースに出場することから距離を置き、自分自身の人生を見つめ直そうと思った。

自分の本当にやりたいこと、ココロの底から望む暮らし……。

そうだ！　ボクには湖の畔にサンタフェ・スタイルの家を建てるという夢があったんだ！

86年に長女が生まれ、89年に長男が生まれた。92年には次男が生まれ、マラソン、トライアスロン、アドベンチャーレースだ！　なんて言っている間に、いつの間にか3児の父親になっていた。

自分の夢を追うのはいいが、幼い子どもたちを連れて、田舎暮らしをすることは、家族全員にとって、本当にいいことなのだろうか？　それは自分のエゴであって（今更気付いたか？）家族は都会での暮らしを望んでいるのではないか？　それにモデルという仕事はどうするんだ？　そもそも、仕事はどうするんだ？

94年の冬だった。『オレンジページ』という、主に主婦を対象とした雑誌のアウトドア・クッキングの特集号の撮影のために、我々は沖縄本島の北西部に浮かぶ、伊江島《いえじま》という小さな島に一週間ほど滞在した。

沖縄北部の港、本部《もとぶ》港からフェリーに乗って約1時間、伊江島に到着。

島の北側は断崖絶壁、南側には美しい砂浜のビーチがあり、そこにテントやタープなど、アウトドア用のセッティングをして、クッキングの撮影をこなしていく。が、テントはあくまでも撮影小道具。実際には伊江島のランドマークと呼ぶべき「伊江島タッチュー（城山）」という小高い丘の麓の「ヒルトップ」という小さな宿泊施設に泊まって、撮影を続けていた。

毎晩のように夕食後にはスタイリストが撮影小道具を保管している部屋に集まり、勝手に「伊江島パンチ」と名付けた、焼酎、ラム酒、ジンなど、島で手に入るすべての酒と果汁を混ぜ合わせたデタラメなカクテルを作り、撮影スタッフと大いに盛り上がったものである。

長い撮影が終わり、東京へと戻るスタッフに那覇空港で別れを告げて、ボクは慶良間《けらま》諸島の座間味島に渡った。

慶良間はダイバーの間では「世界で3本の指に数えられる」と言われるほど、素晴らしいダイビング・ポイントがある。もちろん単独で座間味を訪れたのは、その慶良間の海に潜るためである。

当時、その島には飲み屋が一軒しかなく、夕食前のひととき、宿泊している民宿の前のビーチでビールを呑みながら、暮れゆく夕陽を眺めるのが日課となった。

その夕暮れのビーチでは、地元の子どもが2人、飽きることなく砂浜の砂で遊んでいる。

この島に生まれて、毎日のように海を眺めて育っているはずの子どもたちが、よく飽きもせずに浜辺で遊んでいるもんだ……なんて思いながら、ビールをちびちび呑む。

毎夕、6時になると島の放送が流れる。

「良い子の皆さん！　6時です。早くおウチに帰りましょう！　もう少し遊びたいなあ……と思っても、また明日遊ぼうね！　と約束して帰りましょう」

なんとも微笑ましい放送である。

そして放送はその後、こう続く。

「帰る時には十分にクルマに気を付けて」

思わずビールを吹き出しそうになる。

クルマに気を付ける?

確か島には信号機が一つしかなく、ほとんどクルマは走っていない。

その放送の後も、浜辺で遊ぶ子どもたちは、帰宅を促す忠告を無視して遊び続けていた。


かつてボクも幼いころは「原っぱ」と呼ばれるところで、祖母や姉が呼びに来るまで、とっぷりと日が暮れるまで遊んだモノである。

「原っぱ」に置かれたなにかの工事で使われるのであろう巨大な土管の上に乗り、遠くに沈みゆく夕陽を、今、目の前で遊ぶ子どもたちと同じように眺めていた。

そして誰が一番星を早く見つけるか、近所の子どもたちと競ったモノである。


ボクは遠く横浜の自宅で過ごす、我が子どもたちに思いを馳せた。

この時期、6時といえばもう真っ暗で、外に居るとかなり冷え込む。

きっと暖かい家の中で、「ドラえもん」や「セーラームーン」を観ているのだろう。

そう思った瞬間、我が子がとても哀れに思えてきた。

今この瞬間、同じ日本で、ボクたちが幼いころを過ごしたように、時間を忘れ、暗くなるまで外で遊びに没頭している子どもが実在する。

それなのに、都会で暮らす我が子たちは、家の中でテレビを見ることしか選択肢がない。

「テレビばかり観てないで、たまには外で遊んだらどうなんだ！」と叱っても、その「外」には交通事故や幼児誘拐など、危険なことがいっぱい溢れている。

そもそも「外でいっぱい遊びなさい」という、その「外」がどこにもないのだ。

カヌーが日常の中にある暮らしを夢見て、それをいつかは実現させたいと、ココロのどこかでずっと思い続けてきた。そしてそれを実現させるために、子どもの存在は大きなハードルになるのではないか？　と思っていた。が、おそらくそれは自分自身に対する言い訳なのだ。

モデルというキャリアの一部を諦めることも、一つの言い訳に過ぎないし、その他、挙げ始めたらキリがないくらいに、言い訳リストが挙がるはずだ。

二十歳の時には、モデルのキャリアを積み上げるために、あっさりと生まれ故郷の大阪に見切りを付けたではなかったか。なにをそんなに悩んでいるのだ？
ボクは座間味の浜辺で決意した。

そしてその年の夏、河口湖の畔に土地を購入した。

土地を購入してからも、いろいろな問題がボクを悩ませた。もっとも悩んだのは自分の予算の少なさだ。その予算を逼迫しているのは、窓やドアの存在だ。

湖の畔にサンタフェ・スタイルの家を建てる。これが長年の夢だ。

サンタフェ・スタイルの家の、もっとも大きな特徴は、窓やドアの色がターコイズブルーに塗られているということだ。

河口湖は寒冷地である。厳冬期には氷点下15度以下の日も続く。

もちろん近所に建つ家の多くは、その他の寒冷地と同じように、二重サッシを採用している。ところがアルミ製の二重サッシを、ターコイズブルーに塗ることは不可能だ。

それにあのサンタフェの味わいのある家は、木製の窓、ドアこそが相応しいのである。

「じゃあ木製の窓、ドアにすればいいじゃないか！」

そう簡単に言わないでくれ。

その「木製ペアガラス」という、木製の二重ガラスの製品が、当時、日本ではむちゃくちゃ高価だったのだ。

土地を購入した不動産屋の社長にそのことを相談したら、いとも簡単に彼は言った。

「アメリカで直接買いつければ、日本の4分の1から5分の1の値段で購入できますよ！」


その年の暮の12月、ボクはシアトルに居た。シアトルの建築資材を扱う会社で、値段交渉をしていた。

「アメリカで直接買いつければかなり安い」と言われたが、その安いアメリカで、尚且、値切っていた。大阪人の性である。

厳密にいえば「値切って」いたわけではなく、より安い商品がないかを探していた。

聞くところによると、日本に輸出している商品のほとんどが「特A級商品」だと言い、これはアメリカではすごいお金持ちの人のランクらしい。一般的なアメリカ人は「A級商品」を購入するという。で、少しでも安く済ませたい人のために「B級商品」が存在する。それを聞いたボクは「それじゃあC級はありませんか?」と訊ねたのである。

さすがに「C級」は取り扱っていないようだった。日本からわざわざやって来て、C級ランクの商品を探すなんて、とても変わったヤツだなあと指摘されつつ、ボクはB級商品で手を打ち、それらをコンテナに詰め、日本に送る手配をした。

94年は怒涛の年であった。

2月に沖縄で田舎暮らしを決意し、7月には河口湖の湖畔の土地を購入した。で、12月には建築資材を求めてシアトルまで買いつけに行った。

日常にこそ、己の人生が存在するのは分かっている。だが日常から離れて旅することによって、日常の本質が見える時もある。何故なら、旅先では物質的にも精神的にも「無駄な脂肪」から解放されるからだ。研ぎ澄まされ、シェイプされた状況の中で、己にとって本当に必要なモノ、コトが見えてくることもある。

悩んだら旅に出ろ。
迷ったら旅に出ろ。

きっとなにかの指針を、旅は与えてくれるのだ。

初めてのキャンプ

大阪で生まれたボクにとって、一番馴染みの深い海は、神戸の須磨海岸である。幼いときから家族や親戚に連れられて、よく海水浴に行ったものだった。大阪市内から1時間ほどの距離にあるので、日帰りでも十分に愉しめる。瀬戸内海に面しているので波も穏やかだ。海水浴のあとは、お決まりのように神戸の街を歩いた。三宮から元町に至る国鉄（JR）のガード下に建ち並ぶお店を覗いたり、小さな商店街にあるお好み焼き屋で、名物の明石焼き（たこ焼き）を食べたりした。

18歳になって車の免許を取り、初めてドライブをしたのもこの須磨海岸だし、大阪のディスコで騒いだ後、深夜のドライブで須磨までやってきて、夜が明けるまで海岸で過ごしたりした。このように須磨海岸は日常の中の海として、深くボクの生活に関わっていた。

だが夏休みの長い休暇には、もう少し遠くまで足を伸ばした。

フェリーに乗って淡路島に行くこともあったし、南に車を走らせて、和歌山の白砂の海に行くこともあった。また透明度の高い海といえば、日本海の若狭湾で、若狭湾の舞鶴では、岩場の海を潜って、サザエやウニを捕ったりした。

息を止めて4メートルほどの深さまで素潜りで頑張る。水中メガネを通して見るサザエやウニはとても巨大に見えるのだが、陸に揚げてみると、実際にはその半分ほどの大きさしかなくて、それを認める度に落胆したものである。

人生で初めてのキャンプ体験をしたのは、和歌山の加太《かだ》の海岸で、小学校4年生の時だった。小学校6年生になる親戚の兄貴と、ボクと同い年のその弟、そしてボクという3人組で、自分の身体と同じくらいある大きさのリュックに、3泊4日のキャンプ道具を一杯に詰めて、夏の暑い日に大阪を出発した。

難波の駅から出ている南海線を乗り継ぎ約3時間、ようやく和歌山に着くころには身も心も疲れ果てて、半分脱水症状のような状態。到着後すぐに駅前で飲んだヒヤシアメの味と冷たさは、今も忘れられない。ヒヤシアメとは関西方面の名物で、ショウガ味の飲み物である。関西では夏の代表的な飲み物で、夏の風物詩ともいえる。味は炭酸のない、「和製ジンジャーエール」といったところである。

そのキャンプの時の「味」で、もうひとつ忘れられない、記憶の奥底に残った「味」がある。それはチキンラーメンの味である。

和歌山の加太海岸でキャンプをして二日目の午前中、ボクと同い年の親戚は、テントの張ってある砂浜の海岸から、2人だけで遠くに遠征(といっても、今にして思えばたいした距離じゃないのだろう)をして、砂浜の端にある岩場の海岸まで行ってみた。

そこには小さなカニやフナムシが一杯いて、そのカニを捕まえようとしたボクは、岩場のフジツボで膝に切り傷を作ってしまった。そこに海の塩水が滲みてとても痛い。

痛さを我慢して、キャンプ・サイトに戻る。そして親戚の兄貴に傷を見せた。

「あ〜、たいした傷じゃないけど、これは滲みるな……売店に行って真水をもらって来い。そしてその砂と血をよく洗い流して、今日は海に入るな。そしたら明日には治るよ」

兄貴はそういって、キャンプ場の受付でもある、ビーチの後方にある松林の中に建てられた簡素な売店を指さした。

ボクは兄貴の言いつけ通り、売店まで真水をもらいに行こうとするが、適当な入れ物が見つからない。仕方ないので、取っ手のついた小さなナベを持って、その売店まで行った。売店の受付のオバサンに傷を見せたら、水道のホースを使って、ボクの膝を丁寧に洗ってくれた。

でもせっかく水を入れるためのナベを持って行ったので、そのナベにも水を入れて、テントサイトに戻って行った。

そしてそのナベをポールに引っ掛け、そのままにしておいた。

太陽の位置がどんどんと高くなり、夏の日差しが容赦なくボクたちを照らす。兄貴とその弟の2人は暑さから逃れて、目の前の海で気持ちよさそうに波と戯れている。ボクは兄貴の言いつけを守り、じっと暑さに耐えている。

そうしているうちに、いつのまにか眠ってしまった。

どれくらいだろう？　1時間かそれ以上、2時間近くたっていたのかもしれない。暑さと、流れるような汗で目が覚めた。さきほどよりは少し日差しが弱くなったが、それでも真夏の太陽は力強く輝いている。ボクは膝の傷の痛さより、背中の日焼けの痛さが気になりだした。起き上がってあたりを見回す。が、兄弟の姿が見えない。

どこに行ってしまったのだろう？

ふと、小さなナベに目が留まった。すると、どうだろう、ナベの中の水が沸騰しているではないか！　太陽に熱せられて、ナベの中の水が泡立ち、かすかに湯気まで上がっている。ボクは指を入れてみた。

アチッ！　相当に熱いぞ。

そこでテントの中に潜り込み、リュックの中をまさぐる。テントの中もサウナのような熱気で、ほんの数分、中に入っているだけで、汗が滝のように流れ出す。

汗にまみれた手で、目的のものを探し出した。

テントから這い出て、チキンラーメンの包紙を剝がす。そしてその手で、そのままチキンラーメンをナベに入れ、アルミのペラペラのフォークで素早くかきまぜた。

チキンラーメンの香りが立ちのぼる。

急におなかが空いてきた。そういえば、まだお昼ご飯を食べてないもんなぁ……ラーメンをかきまぜたフォークで、ナベの中のラーメンを食べ始める。ウーン！　ナカナカいけるぞ、これは。ソーラー・ラーメンである。スープまでぺろりとたいらげた。

ちょうどラーメンを食べ終わったころに、兄弟が戻ってきた。

「おー、起きたか。さっきは気持ち良さそうに寝てたから、俺たちは先に昼メシを食って来たぞ。オマエも売店に行って、なにか食ってこい」と兄貴が言った。

「いや、オレももう食べたよ」

とボクは満足顔で答えた。


あれからいろいろな海に行った。国内の海に加え、バリ島のクタ・ビーチやバハマのカリブ海など、海外の海にも行った。タイのプーケット、コサムイ、それにライレイビーチなど、美しいビーチは世界中に存在する。だがあの少年の日の、和歌山の加太の海岸の、すべてを白く輝かせるような強烈な太陽の光が、いつでも瞼の裏に浮かぶ。

きっとゴミの一つや二つ、いやもしかしてそれ以上、ビーチに落ちていたかもしれない。が、記憶の中の加太海岸は、どこまで美しい白い砂浜が続き、その砂浜は真っ白に輝いている。

コラム3

旅のワードローブ

ここ数年は毎年、2月から3月に掛けてアメリカの国立公園を歩き回っている。

その年によって違うが、50キロほどのトレイルランのレースに出ることや、国立公園内でキャンプをすることもある。期間は約1ヶ月ほどで、こうなると持っていく荷物にかなりの制限が生まれる。

まずはキャンプ道具で一つのバッグとなる。2キロほどの小型軽量テント、寝袋、マット、椅子、クッキングストーブ、食器などでかなりの荷物になり、レースに出場する場合は、小型のハイドレーション・バッグ（給水補給ができるバッグ）、ウォーターボトル、レース用のウエアなどが加わる。このような装備を持って行くので、持参するウエア類は厳選したモノしか持っていけない。

だいたいパンツは2枚。1枚はコンバーチブル・パンツといって、膝上あたりにジッパーが付いており、そのジッパーを外せば短パンになる。日中は短パンにして走り回り、寒い地

方に行く時には、下にタイツを履くか、タイツの上から長パン仕様にして、防寒対策を図る。それに普段はジーンズを愛用しているので、ジーンズも1枚は持って行く。

この2枚のパンツに加え、ランニング&スイミングに使える短パンがあれば、ほぼ、どのような地域、天候にも対応できる。ということで、ボトムスは3枚だ。

トップスは、まずは薄手のダウンジャケットが1枚。畳むとリンゴ2個ほどの大きさになるタイプのダウンで、いつも持ち歩いている。やはり畳むとリンゴ3個ほどの大きさになる防水ジャケットを持って行き、雨や雪が降ると、そのジャケット1枚で対応する。

あとは薄手のベストが1枚。

下着は乾きの早い化繊の下着が4枚ほど。それとメリノウールの下着も3枚ほど。速乾性は化繊の下着が優れているが、濡れても寒く感じないのと、汗をかいても匂いが少ないという理由から、メリノウールの下着も手放せない。

それらのトップスに、フランネルのシャツを2枚ほど。そしてマフラーを2枚。

行き先やルートにもよるが、4、5日か、長い時で1週間に一回の割合でコインランドリーに行く。ちなみにコインランドリーというのは和製英語なので通じない。アメリカでは

「laundromat」と呼ばれている。

もちろんウエア類はすべてコインランドリーで洗って、そのまま乾燥機で乾かすことができるアイテムがマストの条件で、メリノウールもダウンジャケットも丸洗いだ。

アイロンを掛ける必要のあるアイテムは絶対に持って行かないし、正装が必要とされるレストランなどはほとんど行かない。例えば、ちょっと気取ったレストランでも、ジーンズにフランネルのシャツを着てマフラーなどをしていれば、ほぼ違和感なく食事が取れる。

つまり短パン+Tシャツという格好だけを避ければいいのだ。

ボトムスは長いパンツ、トップスは襟のあるシャツ。これでほとんどのレストランで入場を断られることはないし、それが通用しないような高級レストランには行かない。

ということで、下着以外はほぼ着の身着のまま。下着も1週間分持って行けば、洗濯しながらなんとか1ヶ月を過ごせるというワケである。

そのくせいつも帰国してから、我がクローゼットを見て、自分の持っている服の多さにため息をつくのである。

第四章

東吉流・世界の歩き方

トスカーナ・ルッカの街並み

18歳で生まれ故郷の大阪でモデルの仕事を始め、20歳の時に上京して本格的にいろいろな仕事をさせてもらった。「本格的」というのは、仕事の内容そのものより、自分にとって、全国を飛び回ることが多くなったという意味かもしれない。

大阪時代はスタジオ内で撮影することが多く、遠征といっても時々、小さなファッションショーで地方に行く程度だったが、上京してからは国の内外を問わずに、いろいろなところに行く機会が増えた。そういう機会に恵まれたにも関わらず、ボクはどういう訳か、仕事が終われば、旅先からすぐに東京に戻りたがった。

それは付き合っていた彼女の存在や、友人の存在が大きかったと思うが、なにしろ若いころからルーティーンのある生活を好む傾向にあったので、不規則な仕事の中で、日常のルーティーンを早く取り戻したいという気持ちもあったと思う。

ところが27歳のころに仕事が激減した。

これは個人的にも考えられるいろいろな原因があったのだが、もっとも大きな原因は、そのころに出演していたテレビ番組を自ら降りたことで、事務所側と意見が対立して仕事を干されたことだ。当時はお笑いブームで、テレビ番組で多くの芸人さんと共演したが、彼らのテンションに付いていくことができず、番組に出演することが苦痛になっていった。それで自ら降板を申し出たのだ。

そのころに時間の余裕ができて、アウトドア・ライフに夢中になり、それがやがて自分の仕事の中心になることを思えば、人生、なにが幸いするか分からない。

なにしろ、仕事が激減する前は、地方に行ってもすぐに帰京したが、その反動のせいか、30代中ごろに入ると、仕事で地方や海外に行った時には、その後、休みを取って、その地をプライベートで愉しむことにした。

特にヨーロッパに行った時には、そこに行くまでにも時間を要するので、その後の滞在を存分に愉しむことにした。

「レイドゴロワーズ」というレースに出場した後には、ギリシャのミコノス島とサントリーニ島でクリスマスを過ごしたし、「トロフィー・ボルビック」というレースに出場するために、フランス中部の街を訪れた時には、その後、プロバンスの村々でグルメ三昧を満喫した。

クルマのCM撮影でミラノを訪れた時に、撮影スタッフと別れて、そこからフィレンツェへと移動して、トスカーナの小さな村々を訪ね歩いた。

フィレンツェをはじめとして、トスカーナの村々は、14世紀ごろの中世の面影がそのまま残っており、美しい田園風景の中に、それらの小さな街が点在している。

フランスのプロバンスはその村によって、建築物など、大きな違いを感じたが、トスカーナの街はどこも中世の同世代の面影を残しており、違うのはその配置くらいである。が、その配置が、その村の個性を見事に発揮しており、どこを訪れても新鮮な驚きを感じる。フィレンツェからシエナに向かう道は、「官能的」と表現しても決して大袈裟じゃないくらいに、うっとりするほどにロマンチックである。

日本、例えば我が隣街でもある勝沼の葡萄畑などは、背の高いところに葡萄の実がなっているが、トスカーナのそれは人の背丈より低いところに葡萄の実がなっており、その広大な葡萄畑を夕刻、遠目に眺めていると、黄金色の大地がどこまでも広がっているように見える。そしてその低い葡萄畑の中に、時折、背の高い細い糸杉の木がニョキッと飛び出し、その黄金の大地に素晴らしいアクセントを加えている。

いつまでも眺めていたくなるような、そんな美しい田園風景を走っていると、突如として中世の街が現れる。

シエナの中心地には「カンポ広場」が扇状に広がり、「マンジャの塔」が広場を見下ろしている。

「カンポ広場」には多くのカフェが建ち並び、そのカフェの店先にテーブルと椅子を並べ、そのテーブルの間を、黒のエプロンをした給仕たちが忙しそうに動き回る。

もう完全に映画のワンシーンに紛れ込んだ感じだ。

その情景の中で、自分もカフェの椅子に座り、カンパリソーダの一杯でも呑みたい気分になるが、自分にその資格があるのかどうか不安になる。そう思わせるくらいに、その情景は見事に絵になるのだ。

給仕たちも、そこでコーヒーや酒を飲む客たちも、おしゃべりをする人々や、彼らが連れている犬さえも、映画のセットの一部のようにカッコよく「決まっている」。

その「カンポ広場」の表通りのカフェやレストランで食事を摂るのは気が引けたので、ボクは宿の主人から教えてもらった、裏通りの「パペーテ」という店で夕食を摂ることにした。

イタリアを初めて訪れて知ったことは、「リストランテ」はかなりきちっとしたレストランで、「トラットリア」がカジュアルなレストラン（前菜、主菜を注文しなくてもよい）で、その下に大衆酒場のような「オステリア」があり、ピザなどを食べることのできる「ピッツエリア」がある。

「パペーテ」は「トラットリア」と「オステリア」の中間くらいに位置するレストランだろうか。

トスカーナ名物である「豚肉のステーキのサラダ仕立て」を注文する。

ニンニクでこんがり焼けたステーキが見えなくなるくらいに、バジルやルッコラといった野菜が大盛りに皿に盛られ、薄くスライスされたパルミジャーノが、味にも見た目にもアクセントを加える。

イタリア料理というと、もっとソースがたっぷりの料理を想像していたが、トスカーナで食べた料理のほとんどが塩と胡椒のシンプルな味付けで、そのどれもが素材の美味しさを引き出した料理である。

前菜で提供される「コッパ・パルマ」と呼ばれる生ハムは、フランスの「プロシュート」より濃厚で味わい深く、一緒に添えられたイチジクとの相性が抜群である。これを一度食べたら、「プロシュート」とメロンの組み合わせが、とても上品ながら退屈に感じられるのだ。

トスカーナのレストランや肉屋の店先には、イノシシの頭がディスプレーとして置かれていることが多いが、「コッパ・パルマ」もおそらく豚肉ではなく、イノシシの肉を使っているのではないか?

シエナでシンプルながら、いろいろな意味で「熟成」を感じさせる料理を堪能した後、今回の旅のメインコースでもあるルッカへと向かった。

なぜルッカがトスカーナのメインコースなのか？　それは我が娘が、トスカーナに行くというと、ボクに一冊の本をプレゼントしてくれたからだ。

その本のタイトルは『ルッカの幸せな食卓』。

美しいルッカの街並みの写真と共に、トスカーナの料理の数々が紹介されている。この本を手にした時に、数あるトスカーナ地方の名所の中でも、必ずルッカを訪れると決めていたのだ。

ルッカはルネサンス時代の城壁に囲まれた街である。一周約5キロの城壁の上は、並木道の美しい散歩コースになっており、地元の人々がそこを散歩したり、ベンチに腰掛けておしゃべりをしている。

ボクはどこを旅しても、必ずその地で走ることにしているが、このルッカの城壁の5キロコースは、これまで旅してきた中で、3本の指に入るくらいに素敵なランニング・コースである。

この城壁のランニング・コースを2周10キロ走り、宿に戻ってシャワーを浴び、街を散策することに。

城壁に囲まれた石畳の街中は、中世のころに時間が止まってしまったかのように、悠久なる時が漂っている。そこをカスケット帽を被り、古びたスーツを着た老人が、これまた古びた自転車に乗って過ぎ去って行く。フェデリコ・フェリーニの映画の、そのままの世界である。

頭の中にはジェルソミーナの切ない調べが流れ、街角から突然、マルチェロ・マストロヤンニが現れても、なんら不思議ではない世界に紛れ込んでいる。

一軒の土産物屋に入り、アテもなく店内を見ていたら、変わったワイン・オープナーを見つけた。中世の雰囲気には似つかわしくないほど、そのオープナーはハイテクで、コルクをまったく壊すことなく、見事にワインの栓を開けることができた。

旅の思い出にそのオープナーを、2500円ほどで買った。

帰国して、友とワインを飲む時には、そのオープナーで開栓して、旅のエピソードを自慢げに語った。

が、その半年後、東急ハンズでそのオープナーが1500円で売られているのを見て、愕然としたのであった。

パリのめぐり逢い

彼女と出会ったのは、ストライキの影響で乗客が混雑するマルセイユの空港だった。いや「混雑」というのは随分と控えめな表現である。その時のマルセイユ空港の様相は、まるで戦火を無事に逃れて、安全な国へのチケットを手に入れた難民たちが群がるような雰囲気だった。事実、マルセイユ駅からバスで空港に向かう時に同乗した40歳前後の男性は、無事に空港に着いた時に、見ず知らずのボクに握手を求めたほどであった。

彼女はニースの帰りにストに遭遇し、なんとかバスとタクシーを乗り継いでマルセイユ空港に辿り着けたと、後になってボクに説明した。

最初は大男たちの列に並ぶ彼女の存在に気が付かなかったが、飛行機のゲートが近づくにつれて、彼女と並んでその列を進むことになり、その色白の顔に浮かんだ不安げな表情を認め、ボクは声を掛けた。

「日本……の方ですよね?」

「ええ、そうです」と彼女はボクを見上げた。

よかった。ボクが声を掛けて、益々、その不安な表情が強くならなくて。

おそらく身長160センチ弱。色白の顔を引き立てるように長い黒髪が、その小さな顔を包み、黒い瞳を際だたせるように、白目が濁りなく美しい。繊細で長いまつ毛が、少し眠たげなその目を縁取り、そこに不安げな表情が加わり、女性特有の脆さを完璧に演出している。

「本来なら今日はニームに行って、明日、パリに行く予定だったけど、この様子では、今日中にパリに戻らないと、日本に帰国することが危うくなるから……」と、ボクは今に至った状況を彼女に説明した。

「私はニースにもう一泊するはずだったんだけど、ホテルの従業員の方がストライキの情報を教えてくれて、一刻も早くパリに向かわないと、鉄道ストライキが南仏全域に広がったら、いつパリに行けるか分からない……と言われて」

そこまで言うと、彼女は急に笑顔になった。

「でも皆さん、ホントに親切で……タクシーの運転手さんなんて、私に小銭を貸してくれたんです。いつ、返せるか分からないのに」

「いつ返せるか分からないのに」と言った時に、本気で返すことができないことを心配している表情が浮かんだ。

彼女の善人な一面を見て、好意を抱く。

飛行機の席につくと、その席は少し離れていたが、ボクは彼女の隣に座った髭面の男に、自分の持てる限りの笑顔でお願いして、席を替わってもらった。

「今回、南仏はどこを回られたのですか？」

席に落ち着くと彼女は訊ねる。

「うーん、まずはパリからTGVに乗ってマルセイユに着き、その夜はブイヤベースを堪能した。で、電車でエクサンプロバンスへと移動して、そこで初めて本格的なプロバンス料理を味わったんだ。これまでにボクが食べたフランス料理というのは、ホントはノルマンディ・スタイルで、プロバンス・スタイルはまったく違うということを、今回の旅で知ったよ」

ボクは覚えたばかりの知識をひけらかす。

今回の旅を通じて得た知識だが、我々日本人にもっとも馴染みのあるフランス料理は、バターやクリームをふんだんに使ったソースが主体のノルマンディ・スタイルで、プロバンスのそれは、どちらかといえば、ハーブやドライフルーツ、それにナッツなどを多用しており、とても奥行きのある味わいだ。

ボクは続ける。

「エクサンプロバンスでレンタカーを借りて、そこからゴルド、ラコスタ、それにルシヨンやメネルブといった、未だにプロバンスらしさが残っている村々を訪ねて、また再び、マルセイユに戻って来たというワケ。ホントはもう一回、あのブイヤベースを味わいたかったなあ……でも、ゴルドで食べたウサギのパテの味も忘れられないなあ……」

と、ボクが説明すると、彼女は大笑いしだした。実はゴルドやルシヨンが、プロバンスらしさを残している、という意見は、当時、ベストセラーになったピーター・メイルの『南仏プロバンスの12ヶ月』からの受け売りである。

ボクはそのことを指摘されるのかな、と顔を赤らめたが、そうではなかった。

「なにか可笑しかった？」と恐る恐る訊ねる。

「だって……まるで美味しいモノを食べるために旅行しているみたい」

そう言われればそうだ。今回は、ミネラルウォーターで有名なボルヴィックの産地であるオーベルニュで開催された、アドベンチャー・レースに出場するために渡仏した。レースの後、パリでレース・メンバーに別れを告げてプロバンス地方を旅した。そしてピーター・メイルの著書に刺激を受け、プロバンスではグルメ三昧の旅をしようと決めていたのだった。

「じゃあ……そっちはニースでなにをしてたの?」

むっ、としているのがバレないように、なるべく笑顔で質問する。

「そう言われると……別になにをしていた、という訳じゃないけど、ビーチをのんびりと散策したり、本を読んだり……それにどうしても行きたい美術館があったんです。シャガールとマチスの」

ふーん……シャガールね……グルメとアート。悔しいけど、どうも分が悪い。

話題を変えることにした。

「今夜、パリに戻って、なにか予定はあるの?」

彼女がまた笑う。

「え？　今度はなにが可笑しいの？」と苦笑い。

「だって……ストライキのせいで、突如、予定を変更して、こうしてパリに向かっているのに、予定なんて……」

ごもっとも！　まったくその通り！　異国の地で素敵な日本女性に会って、舞い上がっているマヌケな自分に呆れる。

が、駄目元で誘ってみた。

「じゃあ、今夜、よければ一緒に夕食でもどうかな？　美味しいベトナム料理の店を知っているんだ」

一瞬、彼女はその眠たげな目を見開いた。が、すぐにいつもの表情に戻り、優しく頷いて言った。

「グルメな方のお勧めのベトナム料理だなんて、とても愉しみ！」

そのベトナム料理店は、サン・ミッシェル・ノートルダムの近くにあり、店の周辺にはアウトドア・ショップが建ち並び（だからこの店の存在を知っていたのだが）、特に「オー・ヴー・キャンプ」という、マウンテニアリング（登山・山歩き）の本格的な道具を扱う店もある。

定番の生春巻き、それよりも小ぶりな揚げ春巻き、ニョクマムの塩味が効いた鶏の唐揚げ、日本のお好み焼きのようなバインセオなどを食べながら、ロワール地方のサンセールのソーヴィニヨン・ブランを呑んだ。

「明日、オルセー美術館に行こうと思っているんだけど、もしよければ、一緒に行きませんか？」と、彼女が食後にココナッツ・アイスクリームを食べ、ナプキンで口の周りを丹念に拭った後、そのように訊ねる。

確かオルセー美術館にはゴッホの「アルルの部屋」が展示してあるはずだ。20代のころ、その絵のポスターを部屋に飾ってあった時期があった。

「アルルの部屋」は、ゴッホがプロバンス滞在中に描いた絵だと聞いている。

ボクは食後のアルマニャックを呑みながら快く承諾した。

「ところで……明日の朝、一緒に走らないか？」

今日の午後、パリに到着してホテルにチェックインしたら、そこはちょうどセーヌ川の畔に位置していた。今回のフランス旅行の最後の朝に、彼女と二人でセーヌの河原を走ることができれば、とてもいい思い出になるだろう。

「あまり早く走れないから、付いていけるかどうか分からないけど、5キロくらいなら、なんとか」

「よーし！　決まった！　じゃあ、これからブラディ・マリーを飲みに行こう！　確かここから歩いて行ける距離に、ブラディ・マリーの発祥の地であるバーがあるはずだ。

彼女はちょっと呆れ気味に言った。

「そんなに呑んで、明日の朝、早くから走るっていうのに、まだ呑むの？」

「だって明後日の早朝には帰国するし、今夜しかチャンスがないだろ。それにまだ時間も……」

時計を見ると、すでに10時を過ぎていた。

パリでは夕食の時間が遅いせいか、街全体が夜遅くまで起きている感じがする。現にこのレストランだって9時過ぎになって混み始めてきた。

ベトナム・レストランを出て、ボクたちは「ハリーズ・バー」を目指して歩き始める。

恋人たちが歩いてサマになる街は、ヨーロッパを探せばいくらでもあると思うが、このパリは、その中でも3本の指に入るに違いない。

いや夜だけではなく、パリは「24時間、恋人たちの街」である。ショーウィンドウ、街路樹、看板、建築物……そのすべてが恋人たちのためにあるような気がする。

彼女と出会ったのが、パリ行きの飛行機じゃなければ、ボクたちは今ごろ、こうして二人で歩いていただろうか？　それとも彼女の存在が、夜のパリの街の存在を、特別に感じさせるのか？


昔観た、『愛と哀しみのボレロ』という映画を思い出す。

アメリカ、ロシア、ドイツ、フランスのそれぞれのある家族が、第2次世界大戦で傷付き、ラストシーンではパリのエッフェル塔で開催された、チャリティ・コンサートに集うという内容の物語だ。

その映画の中で、ドイツ占領下のパリで、パリジェンヌが、パリに侵攻したドイツ軍の兵士と恋に落ちるシーンも登場するが、パリの街は敵兵とのロマンチックな関係でさえ、絵になるのである。

明後日の帰国後、すぐに120名の専門学生を対象に、アウトドア実習をするという予定が入っていた。いつものように三度の食事もままならない状態で、山を走り回り、湖でチンしたカヌーのレスキューに駆け回らなければならない。

今夜と明日は、このパリの甘美な時間を、思う存分満喫して帰ろう。

気が付くと、彼女の手を握りしめて、ボクたちは夜のパリの街を歩いていた。

スイスの底知れないポテンシャル

「まるでフーテンの寅さんのような人懐っこい風貌で、一皮剝がすと、その本性はアーノルド・シュワルツェネッガー扮するターミネイター」

初めてスイスという国を訪れた時の印象である。

国土面積は日本の九州と同じくらい。そのほとんどが山間部で、四方をフランス、イタリア、ドイツ、オーストリアといった強国に囲まれ、そのどの国にも支配されることなく、永世中立国として繁栄する国。

どのような国策を取れば、このような小国が世界の国々と匹敵するような国力を持つのか？　そこを訪れるまでまったく理解できなかったが、実際にスイスに行ってようやく分かったような気がする。いや実はまだ、なんにも分かっていなくて、分かった気にさせられているだけかもしれない。

ボクが初めてスイスの土地に足を踏み入れたのは、グリンデルワルトという小さな村だ。

正面にアイガーが聳え立ち、隣にはメンヒ、ユングフラウが並んでいる。

雪を頂いた峰々の麓では、緑豊かな大地がなだらかに広がり、そこでは大きなカウベルを首にぶら下げた牛たちが、のんびりと草を食んでいる。

まさに「アルプスの少女ハイジ」の世界である。が、そのグリンデルワルトの村の中心地の長閑な風景の地下には、核戦争や自然災害に備えて、約500人の人々が半年間に亘って避難生活が可能な地下シェルターが存在する。実際にそこに足を踏み入れると、色、柄が見事に揃った毛布が掛けられた二段ベッドが整然と並び、生活に必要な最小限の食料や装備が備蓄され、快適に避難生活ができる準備が整っている。

どこかの国の体育館や、プレハブの仮設などとは雲泥の差である。

日本の明治時代、今から100年以上も前に、アイガーの壁に穴を開けてトンネルを作り、標高3454メートルのユングフラウヨッホまで登山電車を走らせ、その終点駅には東京の渋谷や銀座で見られるレストラン顔負けの高級レストランがある。

これを日本の富士山に例えるなら、8合目付近まで登山電車が走り、その駅の終点に、高級レストランがある、という状況である。

しかもそのレストランで出る残飯などのゴミは、登山電車の横に設置されたシューターによって、一気に麓の村まで運ばれ、そこで家畜用の飼料などに分別され、再利用される。同行した政府観光局の担当者の提案によって、自家製のアイスクリームを作る農家を取材した。

農家の庭先にはやはり牛が寝そべり、アイスクリームを作っているという小屋は、苔むした屋根の田舎家で、少しほっとしていたが、小屋のドアを開けると大型のコンピューターがあり、アイスクリーム製造に於ける温度や調合分量などが自動で管理され、万が一、アイスクリームに異物が混じったり、品質が変化するようなことがあれば、スイッチ一つでその異常がプリントアウトされて出てくる仕組みになっていた。

どうだろう？　冒頭でのボクの表現を理解してもらえるだろうか？

これまでに二度、冬季オリンピックが開催され、世界に名だたるスノーリゾートとして知られるサンモリッツに、面白いエピソードがある。

１８５５年にサンモリッツで最初に作られたクルム・ホテル（現クルム・ホテルの前身）に、夏になると避暑にやって来る裕福なイギリス人たちが居た。サンモリッツの標高は約１８

00メートル。周囲約5キロのサンモリッツ湖は、冬には30センチ以上の分厚い氷が張るほど、寒さが厳しい。その代わりに夏は快適に過ごせることは言うまでもない。そのイギリス人たちに、ホテルの経営者であるヨハネス・バドルッツはある提案をした。

「夏のサンモリッツもいいが、冬は冬で、また素晴らしい。冬にもう一度、このサンモリッツを再訪して、もしもその滞在に満足しなければ、宿泊料金はすべて返金する」と。

結果から言えば、その裕福なイギリス人たちは、冬にもう一度、サンモリッツを訪れ、返金を要望することなく、存分に満喫した。このエピソードが、サンモリッツがスノーリゾートとしてヨーロッパでの地位を確立した要因であるといわれている。ちなみにスイスで最初にゲレンデにリフトが設置されたのも、ここサンモリッツである。

そのサンモリッツでは毎年、厳冬期にグルメフェスティバルが開催される。

今ではその会場をホテルに移してしまったが、ボクが参加した2007年当時には、分厚く凍った湖面の上に大型のテントが張られ、その中で世界各国から選ばれたシェフが集い、自慢の料理を提供する。食事中はジャズやクラシックの生演奏が奏でられ、人々は贅を尽くした料理に舌鼓を打ち、シャンパンのグラスを傾け、食後にはシガーを嗜む。もちろん皆、きちんと正装をしており、ディナーはもっとも豪華なモノで約6万3000円（550スイス・フラン）。

このグルメフェスティバルの他にも、凍った湖面の上で氷上ポロが開催され、カルチエやマセラティといった、セレブな企業のスポンサードを受けたポロチームが熱戦を繰り広げる。ヨーロッパ各地から自家用飛行機で駆けつけたセレブたちは、シャンパンを片手にその試合を観戦する。

冬になると湖面が凍るという点では、ボクが暮らす河口湖も同じである。が、河口湖の冬は誰もいない。以前からこの地では「4月から11月までの8ヶ月間で、一年分を稼げ」といわれるほど、冬には閑散としてしまう。

今ではアジアからの観光客が増え、少しは冬の河口湖もにぎやかになったが、冬にこの地を訪れる日本人は少ない。同じ厳しい自然環境にありながら、イギリス人たちに対してしたたかな提案をする知恵者も居なければ、冬の自然環境の厳しさを逆手に取って、ビジネスの成功に繋げるアイデアもないのである。

富士急とスイスのマッターホルン・ゴッタルド（ＭＧＢ）鉄道は姉妹提携を結び、河口湖、大月間でＭＧＢと同じデザインの鉄道を走らせているが、上辺だけの姉妹提携で終わらせずに、より積極的にスイスの人々のアイデアを取り入れれば、もっと世界中から人が押し寄せると思う。

スイスでは２００９年から興味深いプロジェクトがスタートした。その名も「スイス・モビリティ」。スイスの国土は九州と同じくらい。その国土の全土を、人力で結ぶというものである。

インラインスケート、自転車、カヤック、ラフティング、あるいは徒歩によって旅を続けることができるというシステムである。そのコースの地図や標識は、そこを移動する人のスキルや体力によって３段階に区別され、持ち物はモビリティ協会のクルマがすべて運んでくれる。

つまり手ぶらでアクティビティを愉しみながら移動し、自分の衣類や洗面道具、あるいはＰＣやデジタル機器は、その日の宿泊施設に先回りしている、というシステムである。もちろん疲れたら、途中から鉄道などの公共交通機関によって移動することも可能だ。

このプロジェクトの大きな目的はエコロジー。排気ガスを発するクルマなどを極力使わず、人力でスイスという国を観光するという訳である。スイスでもっとも有名な山、マッターホルンを擁するツェルマットでは、電気自動車以外のクルマの通行が随分と前から禁止されているが、環境に対する配慮が、日本の何年も先を行っているのである。

そんなスイスを旅していて、もっとも印象深かったのが「氷のホテル」。

イグルー（アラスカのイヌイットたちが古くから使用する圧雪したシェルター）形式のこのホテルは、壁も床も天井もすべて氷に覆われた宿泊施設で、もちろんベッドも氷の上。が、氷点下40度まで耐えられる羽毛の寝袋が、氷のベッドに敷かれた毛皮の上に設置してあり、寒さに震えて目覚めることはない。

そのホテルにチェックインすると、まずは一本のログが支給される。それを燃やせという訳ではなく、食事中に足を載せろ、という訳だ。床も氷なので、そのままだと足元が冷える。せめて木の上に足を置けということだ。

夕食はスイス名物、チーズフォンデュ。チーズフォンデュを食べるのに、これ以上のシチュエーションはあるまい。

木のログを足元に置いても、温かいチーズフォンデュを食べても、氷の室内は寒いことには変わらない。そこで宿泊客たちは隣接されたサウナに入り、そこでしばらく身体を暖めて談笑する。で、十分に暖まったら、また氷の部屋に戻って食後の酒を飲む。

まあ怖いもの見たさのような宿泊施設で、リピーターはそんなに居ないようだが（ボクももう一度、泊まりたいとは思わなかった）、話の種にはなるホテルではある。それに氷の壁に配されたキャンドルがとてもロマンチックで、ハネムーンに利用する宿泊者も多いと聞いた。確かに熱々のカップルならば、寒さに身体を寄せ合って過ごすのに、とても適したホテルかもしれない。

いずれにしても、神から与えられた自然環境を、独自の知恵と創造力を駆使して、スイスの人々はそれを巧く利用して力強くしたたかに生きる。もちろんその自然環境を壊さない努力も怠らない。

日本人もそこから学ぶべきことはたくさんあるだろう。

スイスという小さな国は、「世界のケーススタディー」と呼ぶべく、さまざまなアイデアが詰まった国なのである。

太陽の下で漕ぎ、星の下で眠る　〜アルゴンキン〜

「アビは4種類の鳴き声をあげます」と言いながら、カヌー・ツアー・ガイドのカツさんは、カーボン・シャフトのシングルブレイドを静かに湖面に入れる。

「笑っているような声がトレモロといって、実は警戒している状態。ヨーデルという鳴き声も警戒の一種です。フートというのが家族への呼び掛けで、コヨーテの遠吠えに似ているのがウエイルという求愛の鳴き声です」

ボクはその説明を聞きながら、ある歌を思い出し、ココロの中でなるほど、と頷いた。

その歌とは元S&Gのアーサー・ガーファンクルの『男が女を愛する時』だ。

この曲は多くのアーティストがカバーしているが、ガーファンクルのそれの前奏部分に、アビのウエイルの鳴き声が挿入されているのである。

ボクは何故、ラブソングの冒頭にコヨーテの鳴き声が入っているのか、それまでは理解できなかったが、あの遠吠えはコヨーテではなく、アビの求愛の鳴き声だったのだ。

「アビはカナダの国鳥と指定されており、英語でルーンというのですが、カナダでルーニーと言えば、1ドルコインのことを指します」

我々はマガジンハウスの雑誌『ターザン』の取材で、カナダのアルゴンキン州立公園に来ていた。

アルゴンキン州立公園はトロントの北に位置し、その公園の面積は東京都の約3・5倍で、九州の熊本県と同じ広さだ。公園内には無数の湖と川が点在し、カヌーで漕いで繋がるトレイルの総延長距離は、なんと2100キロ。もちろんその時々の状況で水量も減るので、時にはカヌーを担いで3キロ以上、山道を歩かなければならない「ポーテージ・ポイント」も存在するが、カヌーイストにとってパラダイスであることには変わりない。

「ポーテージ」といえば、30代のころに出場したトライアスロン「ミネソタ・ボーダー・トゥ・ボーダー」のカヌーのステージで、やはり数カ所の「ポーテージ・ポイント」があった。今、改めて地図を広げると、そのレースのゴール地点であるクレイン・レイクと、アルゴンキン州立公園は約1500キロくらいの距離で、東西に並んでいる。この地域はカヌーのメッカでもあるのだ。

カツさんはカナダ在住の日本人で、アラスカのユーコン川や、このアルゴンキンでカヌーのガイドをしている。

今回の取材では、カツさんのガイドによって、アルゴンキン州立公園の中央部分の約90キロの湖川を、5日間掛けてカヌーで移動することになっていた。

カツさんは日本で知り合ったカナダ人女性と結婚してカナダに移住し、その当時（2006年）で、すでにカナダに移住して10年が経ったと言っていたが、カナダの自然、特に鳥の生態について詳しい。

「アビは水中600メートルまで潜る、ダイビングのプロみたいな鳥ですが、その足の形状から離陸が苦手で、水上からじゃないと、巧く飛び立てないんです」

カツさんはそう言って、髭だらけの顔の下で笑った。

このツアーでは予め自分たちの行動予定を、公園の管理局に申請する。今日はドコソコまで行って、ドコソコのキャンプエリアでキャンプする……といった申請で、一つのキャンプエリアは最大9人までがキャンプ可能だ。広大な州立公園内には、この9人設営可能なキャンプエリアが無数に点在しており、他のキャンパーと、エリアを共有することはない。つまりツアーの間、湖面や川で他のカヌーイストとすれ違う以外、他人とまるで接点がないのである。

その日のキャンプ地に到着すると、カツさんはメンバー全員（この時はカツさんを含めて8人）に、所有しているスナックや飲み物の提出を求める。

それらをすべて「ベアープルーフ・バッグ」という大型の袋に入れ、それを大きな木の枝に吊るすのだ。

「こうしておけば、万が一、熊が現れても、テントごと熊に食べられる心配はありません」と言って、カツさんは微笑む。

恐ろしいことを言いながら、よくもまあ、人懐っこい笑顔を浮かべるものだ。

が、幸いにも、熊に出会うという危険はまったくなく、我々が出会った動物は、岸辺で水を飲む若いムース（ヘラジカ）、身体は茶色で顔だけが緑色した愉快な姿のカエル、働き者のビーバー、そして美しい鳴き声を上げるアビといった、優しい動物たちばかりであった。

そんな動物たちとの出会い以上に、ボクを驚かせたのが、このアルゴンキンをカヌーで旅する人の多さと、その多様さである。

親子、夫婦、恋人たち、友達同士、キャンプスクールの子どもたち、ビキニの女性だけのグループ、タトゥーをしてギターを抱えた若者たち……ありとあらゆる世代の、ありとあらゆる種類の人たちが、このカヌー・トリップを愉しんでいる。

もちろん彼、彼女たちも、自分のカヌーと40キロ以上の荷物を背負って山を越える「ポーテージ」に耐え、恋人たちだけでは、一度に装備を運びきれない場合もあるので、そんな時は、険しい山道を往復する。

そして「サンダーボックス」と呼ばれる粗末なトイレで用を足し（そのトイレの蓋を閉める時、ドーンという雷のような音がするから、このように呼ばれている）、粗食に耐えながら旅を続けるのだ。

ボクは世界のあちこちで、「遊ぶ」人々を見た。特に欧米では「遊び」に多くの時間と経費を掛ける人々を見た。が、ここまで真剣に「遊ぶ」人々を見るのは初めてのことである。

なにが彼らをそのようにさせるのか？

スマホはもちろん繋がらない。ＰＣももちろん持ち込めないので、世の中の動きがまったく分からない。自分と世界を繋ぐツールが、ホントに皆無である。現代の社会に於いて、そんな状況を、一年を通じて我々はどれほど体験できるだろう？

デジタルな音ではなく、友や動物の肉声に耳を傾け、自然の躍動や驚異に目を凝らし、過度に味付けされたモノではなく、シンプルな食料を口にする。そんな状況の中に居る自分自身が逞しく、愛おしく思えてくるのも、このような旅の不思議な魅力でもある。

熊の存在に怯え、少量の酒を舐め、美食には程遠い食事を摂取し、美しい水と、静寂なる森の中で、大きな夜に抱かれた小さなテントの中で眠る。

そして夜明けに、湖面に響き渡るアビの求愛の鳴き声を聞いていると、大地と水と、そこに棲む精霊との一体感を覚え、己の肉体と精神が浄化されていくような気がする。

このアルゴンキンの旅の後、ハワイ、カウアイ島のカララウ・トレイルを歩いた時も、グランドキャニオンの「リム・トゥ・リム」を歩いた時も、同様の精神状態を感じることになるのだが、このアルゴンキンの旅で、自分自身がいったいどこに属しているのか？

それを初めて理解した気がするのである。

もちろんもっと若いころに、レイドゴロワーズというアドベンチャーレースに出場し、オマーンの荒野を何日も彷徨った経験はあったが、それは誰かが主催するレースの一環であり、これほどの自然との一体感は感じなかった。次のチェックポイントを目指し、さらにはゴールを目指すことで目一杯であった。

だがアルゴンキンのカヌー・ツアーは違った。

その日の野営地に向かってゆっくりとパドルを漕ぎ出す。途中で斧だけで建造された猟師たちのシンプルなログハウスを見物したり、ビーバーが作り出す小さなダムを観察する。クラッカーにチーズとジャム、それにピーナッツバターを載せた、カロリーだけが摂取目的のランチを食べ、湖畔に引き上げたカヌーの中で昼寝を貪る。

そしてその日の野営地に到着すると、まずは湖に飛び込んで汗を流し、その後、夕食の準備をして食べる。食後は日没までずっと夕日を眺め、眠くなったらテントに潜り込んで眠りに落ちる。

そんなシンプルで素敵な時間を過ごしていたら、あっという間に予定の5日間が終わってしまった。

カヌーでスタート地点に戻って来た時に、久しぶりにクルマを見た。クルマって便利なんだなあ……と、珍しそうにクルマを見つめている自分が可笑しい。

宿舎に戻って6日ぶりのシャワーを浴びる。最初はシャンプーの泡がまったく立たない。3回くらい、シャンプーしてようやくいつものように泡が立ち始める。

シャワーから出て、洗濯した清潔なシャツに着替える。シャツも新鮮だが、自分自身の肉体も生まれ変わったように感じるから不思議だ。

夕食のためにレストランに向かうと、カッさんが手作りで完走証を用意してくれ、それを食事前に授与（笑）してくれる。そして記念にと、90キロを漕ぎきったウッド・パドルをプレゼントしてくれた。

夕食に先立ってシャンパンが開けられた。

シャンパンの鮮烈な泡が、全身を駆け巡る。明日から再び、ボクは便利で快適な日常に戻っていく。そしてそれは根源的な人の強さから遠ざかることを意味する。シャンパンの酔いが回る中、なぜか少しだけ訳の分からぬ虚無感に包まれた。

プーケットのプールにて

幼い子どもを連れて海外に行く場合、まず最初に優先すべき選択肢として「プール」の存在がある。もちろん「海」も大切だが、「プール」はもっと大切だ。

なぜ「海」より「プール」なんだ？

海と比較して、プールの方が安全管理がラクである。海だと急に深くなったり、波に引っ張られたり、それなりの覚悟が必要だが、背の高さが確保される深さのプールだと、それらの心配はほとんど解消される。

次に砂。海は砂があるから愉しい。砂で城を作ることもできるし、砂で子どもの身体を埋めてしまうことも愉快だ。が、その砂そのものを嫌がる子どももがいる。幸いに我が家の子どもたちも孫たちも「砂好き」ではあるが、海に入った後でもプールに入りたがるところを見ると、「海もいいけど、プールで締めたい」という内心が見え隠れする。

だが、そもそも何故いきなり、海だプールだと言っているんだオマエは？　と言われそうだが、ちょっと考えてみてほしい。子どもは歴史的な建造物になど興味を示さないし、長い歳月を掛けて創り上げられた地球の大自然の中を歩くことも、都会の中を美味しいレストランを目指して歩くことも嫌がる。そして最終的には「おんぶ、だっこ」だと愚図り始める。

これが子ども1人なら許容範囲だが、2人以上になると、もう「人間ジャングルジム」状態である。

で、全身汗まみれ、髪型はホテルを出た時とは別人のようにくしゃくしゃになりながら、なんとか無事にお目当てのレストランに辿り着いても、テーブルクロスを引っ張ってグラスやお皿を割る（実際にサンフランシスコで経験済み）、食事中に椅子の上に立ち上がる、食後に兄弟喧嘩を始める等々の狼藉を働く。

ということで、幼い子どもを連れて旅に行く時には、南の島のこじんまりしたプール付きのコテージがぴったりなのだ。

そこでタイである。

いや、ボクが初めて海外旅行したバリでもいい。事実、我が娘の2歳の誕生日はバリで迎えた。

プールに腰まで浸かりながらカクテルを呑み、娘の誕生日を祝ってあげたことが、今でも素晴らしい思い出として残っている。

が、いつの間にか、バリからタイにシフトした。

理由はいくつか考えられるが、もっとも大きな理由は料理だ。

我が家の子どもたちは皆、タイ料理が大好きで、ボクもよく家でタイ料理を作る。

食事の好き嫌いは、旅の好き嫌いを左右するほど重要な要素だと考えている。ナシゴレンやガドガドなどのインドネシア料理も好きだが、より繊細でバラエティに富んだタイ料理の味わいが、家族全員の好みである。

家族で初めて行ったタイ旅行はプーケットである。

96年のことで、その当時のプーケットはまだまだ静かに過ごせた。（2015年にもプーケットに行ったが、その喧騒には驚かされた。特にパトンビーチには）

いろいろと計画を立て、いよいよ出発というタイミングで、4歳の次男が溶連菌に感染してしまった。旅行出発2日前である。

医者に連れて行き、事情を説明する。

「今更、旅行を止めなさいなんて言っても無理でしょう」と、お医者さんは大黒サンのような優しい笑顔を浮かべる。こっちの気持ちはお見通しである。

「だけど約束して下さい。今日から1週間は、絶対にプールや海に入れさせないで下さい」

そう言って、いささか厳しい表情になる。そして続けた。

「炎天下を歩くことも避けて、できればなるべく涼しい部屋の中でのんびりと過ごして下さい」

「じゃあ、タイに行っても大丈夫なんですね？　今日から1週間したらプールも海もいいんですね！」と、色めき立ってお医者さんに詰め寄る。こういう状況で、いつもこのような態度になる自分がいる。

恥ずかしい。

ということで、お医者さんとの約束を堅持する覚悟を持って、我々はプーケットに乗り込んだ。

バンコックでのトランジットの後、プーケットに到着したのは夜遅くのことで、我々はホテルにチェックインした後、荷物も解かずにそのまま眠ってしまった。

朝起きて、部屋のカーテンを開けて、ボクは舌打ちをした。

部屋の真ん前はプールである。いや部屋がプールに浮かんでいるといっても過言ではないほど、プールが接近している。

96年当時、親しい友人が恵比寿でタイ料理のレストランを経営していた。東京で暮らしている時から頻繁に通っていたが、95年に河口湖に引っ越してからも、上京の度にそのレストランを利用した。

家族でのプーケット旅行が決まった時に、彼に旅の相談をしたら、「じゃあボクがいい部屋を手配しておきましょう!」と張り切ってくれたが、いくらなんでも張り切りすぎである。(いや、感謝してますよ)

ボクは慌ててカーテンを閉めて、寝ぼけた顔をしている子どもたちに告げる。

「いいかみんな! 日本を出る時の約束は覚えているな! タイガ(次男)は今日から5日間、プールには入れない。ハナ(長女)とヨウキ(長男)はプールに入ってもいいが、朝食の後の2時間だけ。その後は部屋に戻ってシャワーを浴びて昼食。そして午後は街を散歩」

どこかのツアーの添乗員のように、家族に向かって発表する。

いくら目の前がプールとはいえ、4歳の次男を部屋に軟禁してプールではしゃぐ訳にはいかない。妻と相談して、どちらかが部屋で次男と一緒に過ごすことにした。

部屋の中に居ると、時々、長女、長男の歓声が聞こえる。それでもまだ、姉、兄は弟のことを気遣って、静かに遊んでいたことは5日後の「次男プール解禁日」になって、ようやく判明した。

3人揃って、プールで遊ぶ姿は尋常ではなかった。1分に1回の割合で3人、誰かがプールに飛び込み、その飛び込みのスタイルをあれこれ寸評しあう。その後、潜ってどこまで行けるか競い合い、潜ったままジャンケンをし、また飛び込みを披露する。なにが面白いのか、一日中、大声で笑っている。

こんなに大好きなアソビを、この日まで4歳の次男はよく耐えてきたものだと感心する。そしてその弟の状況をより理解し、控えめに遊んできた姉や兄もエライと思う。

この日を境に、午後からのプールも解禁したが、午後からも同じようなアソビを続ける。いったいどれだけプール好きなんだよ！

さてタイのビーチといえば、レオナルド・ディカプリオ主演の、その名も『ザ・ビーチ』という映画が有名だ。

ディカプリオ演じる若者が、理想のビーチを求めて旅をする。バンコックのカオサン通りの安宿で謎めいた男と知り合いになり、一枚の地図を手に入れ、ある美しい島に辿り着く。その島では、小さなコミューンが形成され、そのコミューンは主人公にとって楽園のように感じるが……。この映画のロケが行われたのは、プーケットの沖合に浮かぶ島、ピーピー諸島である。この映画が公開されたのは２０００年のことだから、我々はそれより4年前に、このピーピー諸島を訪れている。

プーケットから船に乗って、約2時間でピーピー諸島の中心の島である「ピーピードン」に到着するが、その映画以前からツアーはすごい人気だった。

我々が乗った、ピーピー諸島行きの船は明らかに乗船定員を超えており、船上で人が移動する度に、そっちの方に傾く。ツアーガイドが「みんなが左側に行くと船が沈没するから、右に移動して！」みたいなことを必死に叫んでいるのを見て、「我々は無事にプーケットに帰ることができるのか？」と不安になったものである。

その後、映画が公開されて、より観光客が訪れるようになり、環境破壊を危惧したタイ国立観光局が、あらゆる規制をしていると聞いたが、もうあのころのピーピー諸島の美しさは、きっとなくなってしまったに違いない。

美しいビーチ、美味しい料理。

タイの愉しみはそれだけではない。

例えば自分のお気に入りのシャツがあったとする。そのシャツをテーラーに持ち込んで、生地を指定すれば、生地代金も含めて3000円から5000円ほどで、そのシャツとまったく同じデザインのシャツが、翌日には出来上がる。

実は2017年の冬に、娘家族（旦那、孫娘二人）と、次男を連れて、タイのクラビに行った。で、アオナンの街のテーラーで娘婿と次男がそれぞれスーツをオーダーした。まずはサンプルの写真を見て、そのスタイルを決める。そして採寸して、生地（この時は二人ともウールで作った）を選択する。翌日には仮縫いが仕上がり、そこで問題がなければ、その翌日、つまり2日後にはオーダーメイドのスーツが仕上がっている。料金の方は一着2万円ほどだ。

水着の上から巻きつけたり、寒い日にマフラー代わりにするサロンなどは、街で1000円ほどで売られ、孫娘たちのサマードレスは800円ほどだ。

クラビといえば、ボクの友人も間違えたので、蛇足ながら説明しておくが、クラビの街自体には海はなくて川しか流れていない。

クラビのビーチリゾートは、クラビの街から西にクルマで1時間ほどのところに位置する「アオナン」と「ノッパラッタ」である。

だが実はこの「アオナン」と「ノッパラッタ」のビーチも、それほど美しくはない。アオナンから「ロングテール・ボート」と呼ばれている船に乗り、約20分で「ライレイビーチ」というところに到着するが、そのビーチは、未だに本当に美しい。

今のピーピー諸島が、どのように変わってしまったのか確かではないが、ライレイビーチの美しさはボクが保証する。

　このところ、２年に一回の割合でタイを訪れているが、当分の間、このクラビに通いそうなのだ。

クラビのライレイビーチにて

コラム4

デジタルと距離を置く

ある調べによると、女子高校生の一日のスマホの使用時間は約7時間にもなるらしい。男子の方は約4時間。それぞれ社会人になると、半分くらいの使用時間になるというが、それでも多くの時間、スマホを操作していることになる。もちろん年齢が上になるほど、スマホを操作する時間が短くなるのだが、それでも40代で2時間以上、スマホを操作している人は全体の23％になり、50代になると8％ほどに落ち着く。

実は昔から電話が嫌いだ。

電話というのは、こちらがなんの準備もしていないのに、今現在、目の前にある状況から、一気に違う世界の情報が飛び込んで来る。他愛のない会話を相手が始めると、そんなつまらないことで電話して来るな！　と怒りがこみ上げるし、重要な内容を相手が話し始めると、いきなりそんな難しいことを今言われてもなあ……と困惑する。

メールは好きだ。好きな時間に相手にメッセージを送り、相手も好きな時間にそれを確認すればいい。自分もメールを受け取っても、すぐに読む場合もあれば、差出人や件名だけを確認して、あとからじっくり読む時間を設けるなどしている。

そもそも、そんなに急いで要件を伝えたり、受け取ったりしなければ問題が発生するほど、重要な立場に生きているワケではない。だから旅先ではまったく連絡が取れない日を設定しても、なんにも問題はない。以前はポケットWi-Fiさえ持って行かなかったし、今現在は持って行くには持って行くが、電波が通じない場合も多い。

ネットも電話もまったく通じないところに行き、友人や家族からの連絡が途絶え、世の動きがまったく見えなくなった時に、はじめは少し戸惑いを覚える。

だが最初の一日を終えるころには、目の前に問題が溢れ、今居る場所の状況に神経を集中させることになる。どういう問題か？　例えば、その日に眠る場所を見つけることであったり、水を確保する方法であったりする。予想以上に冷え込んだ時は、その防寒対策であったり、突然の雨のために、しっかりと防水対策をしなければならないケースもある。

つまり生きるための、衣食住の「食・住」を確保するという根源的な課題に、神経を集中しなければならないのだ。日常で当たり前のようにある水やその日の宿を探すことで、一日が終わってしまう場合もある。日本に居ると「そんなことは稀だ」と思われると思うが、それでも去年、糸魚川から松本を目指して「塩の道　千国街道」を歩いた時には、テントを張れる場所を求め、最終的に山の中の民家の住人の方にお願いして、その民家の裏の空き地でテントを設営させてもらい、水も提供して頂いた。そういう時間を3日や4日も続けていると、自分自身が置かれている状況を誰かに伝えたいと思うのは、ごくごく限られたわずかな数であることに気付く。そして自分自身が欲している情報も、そんなには多くないことに気付く。

アウトドアライフや旅に出ることに共通する意義の一つは、日常生活に於ける「無駄な脂肪」を取り除くことにあると思う。もちろんその日常生活の「無駄な脂肪」には、人間関係——自分が付き合うべき人々も含まれている。それをじっくりと考えなければならない時にまで、情報に埋もれていると、その本質が見えてこないのである。

すべての情報に対して自ら距離を置き、旅先でじっくりと思いを巡らせる時間も、旅の重要なファクターだと思うのだ。

第五章

走って歩いて、旅をする

サンダルで神戸まで　～ワラーチ・プロジェクト～

自宅のある河口湖から神戸まで、約450キロの距離をワラーチを履いて走り抜く計画を立てた。毎日、約25キロから30キロの距離を走って、約2週間ほどで神戸に辿り着く。毎日25キロから30キロというのは、自分の走力を鑑みて、この距離なら毎日続けて走ることができる、と判断したからだ。

ワラーチというのは、メキシコに住むタラウマラというインディオたちが愛用するサンダルで、彼らは古いタイヤを足形に切って、それに革紐を通してワラーチを作る。そしてその自家製サンダルで100マイル、キロに換算して160キロもの距離を走りぬくといわれている。

話は1995年に遡る。

1月17日、阪神淡路大震災が発生した。その時のことは今でも鮮明に覚えている。その日の朝、ボクは河口湖の隣村である忍野《おしの》村の工務店に居た。そこで新たに建築する我が家の打ち合わせをしていたのだ。

新居を本職の大工さんに8割ほど建ててもらう。そして残りの2割を自分たちの手で仕上げる。首都圏を離れ、河口湖の湖畔での暮らしを選んだ時に、我々が選択した方法だ。

そんな時に神戸を震災が襲い、大きな被害が出た。

ボクは大阪生まれで二十歳までそこで暮らした。10代のころは神戸の街でもよく遊んだ。そんな馴染み深いところが被災し、多くの犠牲者が出た。震災後に生活に不便を強いられている人たちも大勢いる。なにかしら自分もチカラにならなければと思った。だがボクは幼い3人の子どもたちを連れて河口湖に移住するところだった。結局は個人的事情を優先させ、神戸に赴くことはなかった。

このことはボクの心の中で小さな棘として残り、暗い影を落とした。

それから16年後、奇しくもボクがワラーチで走り始めたタイミングで、「311」が発生した。その後、すぐに神戸で暮らす片山敬済《たかずみ》氏から連絡が届いた。

「神戸から東北までバイクに乗ってバトンを繋いで、日本を一緒に元気づけないか」

片山氏はかつてはＷＧＰ（ロードレース世界選手権）で世界の頂点に立った伝説のライダーである。その片山氏が「ＢＥＡＴ」という団体を設立し、その一環として被災地を勇気づけるために、バトンを全国に繋げるというプロジェクト「One World」を立ち上げた。

かつてはボクも大型バイクに乗っていた。もちろん片山氏はそのことを知った上で、ボクにバトンリレーの参加要請をしたのだ。その時点でボクはもうバイクには乗っていなかった。バイクには乗っていないが、今度こそ被災地のために、なにかを、何でもいい、ボクにできることがしたい、そう思った。それが自身の心の棘を取り除くことに繋がるかどうか、己の贖罪がなされるかどうかは別にしても。

ワラーチの存在を知ったのが２０１０年の秋のことだ。その翌春からボクもワラーチ作りを始めたが、当時からすでに、日本で手に入る古タイヤはほとんどが「スチールラジアル」といわれ、タイヤのゴムの中にスチールのワイヤーが入ったモノ。そんな素材のモノを自在に切れるワケがない。試行錯誤を重ね、靴の補修材である「ビブラムソール」というゴムの板を足形に切り、そこにウエットスーツの素材を貼り付け、紐を通して自家製ワラーチを作った。２０１１年の秋には、その自家製ワラーチで、地元河口湖で開催された「河口湖マラソン」に出場して、３時間33分という記録で完走している。ボクのこれまでのフルマラソンの最高タイムは３時間24分。ワラーチで出した記録は、これまでの歴代３番目のタイムである。この結果によって、ワラーチでも通常のランニングシューズ同様に速く走ることが可能である、ということが検証できた。

このワラーチを履き、己の二本の脚を使って、走って神戸まで行き、被災地に向かう片山氏にバトンを繋ぎ、被災地支援の気持ちを伝えられたら……それで東北を、日本を元気づけることができれば……。

「ワラーチ」は「裸足で走る」ことと同様に、人間本来が持つ足腰の強さを引き出すと考えられており、靴によって奪われた人間の本来の強さを取り戻すシンプルな構造のサンダルである。自分にとって、それは自然災害に立ち向かう我々の人間の強さを象徴してくれる存在とも考えられる。

また50歳を超えた男が、己の二本の脚で震災から立ち直った神戸の街を目指し、東北支援のバトンを繋げるためだけに５００キロを走る。その過程をブログやツイッターで紹介することで、一人でも被災地の方や、被災地を支援している人たちの励みになれば。

そんな思いから「ワラーチ・プロジェクト」を発案した。と同時に、毎日30キロの距離を走って54歳になる己の肉体がどのような反応を起こすのか？ また累積５００キロに及ぶ距離を走った結果、自家製ワラーチにどのような劣化が見られるのか？ そんな興味もあった。

普段、仕事でボクのアシスタントをしているカホがクルマで伴走する。もちろん毎日、野宿だ。ホテルや民宿に泊まっていたらかなり経費が掛かる。支援のために走ることが、余計な経費を使って支援金を募るようでは本末転倒だ。

そんな計画を立てていたら、友人のケイが「私も一緒に走って神戸まで付いて行きます！」と手を挙げた。

ケイはアドベンチャーレーサーで、南米のパタゴニアで行われた過酷なアドベンチャーレースなどに参加している。日頃からトレーニングを欠かさず、国内のトレイルランのレースなどにも参戦して、いつも上位に入賞している実力者だ。健康的に日焼けして、目がくりっとして愛らしく、笑うと顔の半分くらい占める大きい口の持ち主だ。顔付きも性格も、ラテン系の女子である。

「ケイ、オレたちに付いて来るのはいいが、毎日、野宿だぞ。それでもいいのか？」と訊ねると、案の定、「なに言ってんスか！　私はアドベンチャーレーサーですよ」と必要以上に元気に答えた。

こうして我々3人は2012年の10月30日、「One World」のステッカーを伴走車に大きく貼り付け、元気よく河口湖を出発した。

出発の10月30日、朝9時に自宅近くであるスタート地点の勝山「道の駅」に行くと、驚いたことに事前に取材をお願いしていた雑誌『ターザン』の編集部のメンバー、それに地元テレビ山梨のテレビ局クルー以外にも、多くの友人、知人が集まっていた。

実はこういう状況で友人たちが集まるのは苦手だ。何故なら、平日に朝早くから河口湖まで来て頂き、お茶の一杯も提供できないからだ。来て頂いた感謝以上に、申し訳ない気持ちが先立つ。

そんな気持ちを抱え、皆に見守られて出発した。

こうして我々の、走って神戸を目指す旅が始まった。

さきほども言ったが、神戸までの18日間、ずっと野宿である。キャンプ場できちんとキャンプできれば、それほど野宿は苦にならないが、都合よく、我々が走るルートにキャンプ場があるとは限らない。いや、事前のコースを確認する限り、キャンプ場どころか、道の駅や駐車場を探すことさえ困難に思われた。

愛車のFJクルーザーは、大人2人が車中泊できる設備があり、さらにルーフトップテントに1人が宿泊可能な準備をした。カホとケイが車中泊をして、ボクがルーフトップのテントで寝るという計画である。

一日につき30キロを走るということは、日頃のトレーニングからしてそれほど高いハードルではなかったが、毎晩の宿泊場所を見つけることは、結構、大変なことであった。

次に実際に走るコース。

歩道が整備されていない箇所、車がなんとかすれ違うことのできる箇所などを走りながら「日本は、確かに車道の整備はある程度は整っているかもしれないが、歩行者や、ましてやランナーにとっての道が整備されていない」ことに改めて気付かされる。

以前、冬にスイスのサンモリッツ湖の周囲を走った時、周辺には雪がたっぷりと積もっていたのにもかかわらず、ランニングコースは除雪がしっかりとなされ、雪用のブーツではなく、通常のランニングシューズで走ることができた。

ところが我が地元の河口湖では、雪が降ると、車道の除雪された雪で歩道が覆われ、雪が降って一週間ほどは歩道がまったく失くなってしまう。確かに流通などの確保のために車道の除雪を優先させることは理解できる。が、歩くことでしか生活の基盤を保持できない者もいるのだ。それを塞いでしまったら、どうやって生活を維持するのか？

車道と歩道が安全に区別され、尚且、どのような状況であろうと、その双方の道が機能していること。これが行政の最優先させるべき事柄ではないか？　と、今回、河口湖から神戸まで走って何度も考えさせられた。

生活のための道、遊びのための道、その道が安全にどこまでも続くことが、その国、地方自治体の民度の高さではないか。

河口湖から神戸までを走る間、予想以上に多くの知人、友人たちが「応援ラン」に駆けつけてくれた。

走ること、つらいこと、そのすべてを乗り越えることができるのは、フィジカルではなくメンタル、つまりモチベーションだ。

このプロジェクトのスタートの時、スピーチをお願いした『ターザン』編集部のウチサカ氏はこう言った。

「人は自分のためだとそんなに長く走れないが、人のためならどこまでも走って行ける。彼らは今日、被災地の人たちのために神戸を目指して走る。きっと最後まで走ってくれるでしょう」

その通りだ。

自分を思う人、自分が思う人のためならいくらでも走ることができる。

今回のプロジェクトを通じて、それを心の底から感じた。

確かに疲れは溜まっている。が、明日も、明後日も一緒に走ってくれる友がいる。ミンナが被災地のことを忘れず、そのチャリティをしている我々をサポートしてくれる。これこそ、このプロジェクトの意義である。


このプロジェクトの途中、伊良湖から伊勢湾フェリーに乗って鳥羽まで行く計画を組み込んだ。理由は二つ。一つは名古屋の街中を走りたくなかった、ということ。二つ目はこのプロジェクトのコースでどうしても外したくない箇所があったからだ。

そのひとつが伊勢の「夫婦岩」だ。

ボクには父がいない。

祖母、母、叔母、姉の4人の女性に育てられた。

大阪で生まれ育ったボクにとって、伊勢は海水浴など、家族でよく訪れた場所だ。実は手元に一枚の写真がある。ボクが5歳くらいのころに、母、姉、叔母とボクの4人で、この「夫婦岩」の前で撮影した写真である。今では3人とも他界して、ボクの手元に残された、4人揃った写真はそれ一葉のみである。

生前、母と姉、それにボクの子どもたちと一緒に、家族が揃って最後に旅したのも伊勢だったし、その際に車椅子に乗った母と、幼い日の我が長男が一緒に写った写真は、ボクのベッドサイドに今でも飾られている。

だから伊勢にはどうしても立ち寄りたかった。

そして今回のコースを設定する上で、もう一箇所外せない場所があった。それは我が母が眠る墓である。奈良と大阪の県境に「生駒山」という山があるが、その近くの霊園に我が母の墓がある。そこには姉も叔母も、他にも多くの親戚の墓がある。

今回のプロジェクトを発案した時、ゴール地である神戸までのルートを設定する上で、思い出の地「伊勢」と、この「生駒」の二箇所は絶対に外せなかった。

自分の肉体を形成し、自分の精神の礎となるモノを育んでくれた母と姉、それと叔母には、このプロジェクトを成し得る可能性を与えてくれたことに、深く感謝したかったのだ。

神戸を、東北を、日本を元気付けるために「ワラーチ・プロジェクト」を思い立ち、10月30日に河口湖をスタートしたが、結局は18日間、逆に多くの人に励まされることになった。

数年ぶり、30年ぶり、40年ぶりの友との再会。新たに出会う人々とのラン。彼、彼女らに元気をもらい、走ることの愉しさ、そこから得られる多くのギフトを噛み締めた。

スタート時にスピーチをお願いしたウチサカ氏はこうも言った。

「これから18日間、もちろんつらい思いもするでしょう。が、きっと彼らはそれ以上の美しい宝を手にする」と。

その彼の言葉通りの結果となった。

旅はいつも「美しい宝」を与えてくれる。その旅がつらいほど、その旅が厳しいほど、ちっぽけな宝でも、己にとって貴重な宝になる。ボクがモデルの先輩に旅の相談をした時、その先輩は「旅でつらい思いをしなさい」というアドバイスをしてくれたが、その言葉に含まれる意味は、こういうことだったのかもしれない。

神戸の震災でなにもできなかった自分を恥じ、東北復興のための「ワラーチ・プロジェクト」を思い立ち、実際に行動に移した結果、痛感したのは、人々の優しさ、思いやり、そして「自分自身もなにかの力になりたい」という博愛である。

ボランティアにはさまざまな形が存在する。

現地で被災者を直接、手助けすることはとても尊い行為だとは思うが、それができなくとも、被災地の存在をいつもココロのどこかに留め、自分にできる形で、支援することも大切なことだと思う。


今回の旅では多くの人々のサポートに支えられ、自分をこの世に送り出した先祖に感謝の気持ちを捧げ、直接、被災者の方に役に立つことはなにもしていないかもしれない。が、片山敬済氏に支援金とバトン、それに走っている間に、皆さんから頂いたメッセージを書き込んだフラッグを届けて頂き、自分の中で、少しだけけじめがつけられたような気がする。

このプロジェクト最終日、西宮を過ぎた辺りで、やはり「応援ラン」に駆けつけてくれた知人の女性が「この辺りは、阪神淡路大震災の後、すべての家がなかったんです」と教えてくれたが、今では美しい街並みとなり、震災の爪あとは一切見られなかった。人間のチカラってスゴイなあ……と、つくづく思った。きっといつの日か東北もまた、この神戸のように復活するのだろう。

確かに自然の脅威は人々の生活をあっという間に破壊する。だが人々はそれを乗り越えるチカラを持っている。一人では無理だが、手を携えてチカラを合わせれば、きっと乗り越えることができる。そのことをボクはこの旅を通じて実感した。

コッパー・キャニオンを駆け抜けろ

２０１０年の秋、一冊の本に出会った。当時、世界中でベストセラーとなっていた『Born to Run』という本である。本の著者はクリストファー・マクドゥーガル。アメリカでもっとも有名なスポーツ雑誌『スポーツ・イラストレイテッド』のライターであり、自らもランナーであるクリストファー・マクドゥーガルは、ある時、足の故障を訴える。そしてその原因を把握するために病院に行くのだが、どの医者も口を揃えて言う。

「少しの間、ランニングを控えて休んだ方がいい」

それは分かりきっていることだ。ランニングで足を痛めたのなら、ランニングを休む以外に治療法はない。だが著者は思う。

「なぜ自分だけが故障するのだ？　世の中のランナーの中には、自分よりもっと激しく走る人だっている。なのになぜ自分が……」

そういう疑問を持っている時に、さらにその疑問を大きくする存在を知る。

それはメキシコのコッパー・キャニオンという秘境に暮らす「タラウマラ」というインディオの存在だ。彼らは自らを「ララムリ（走る民）」と呼び、一日に100キロ以上の距離を、なんと「ワラーチ」と呼ばれる古タイヤをリサイクルしたサンダルで走るといわれているのだ。そこで著者は益々、疑問に思う。

「なぜ自分は100数十ドルもする高価なシューズを履いて足を痛め、なぜタラウマラの人々は粗末な「ワラーチ」を履いて走ってもなんともないのだ？」

そこで本来の職業であるジャーナリストたる力量を発揮して、いろいろな人に話を聞いて調べて行くのだが、話を聞いているうちに「そもそも何故、人類は走るようになったのか？」という根源的な疑問へと発展していき、さまざまな角度から「走る」ことの意味を紐解いていく。それと同時にタラウマラの人々の暮らしに興味を抱き、そこに移り住んだ一人の男、米国を代表するウルトラマラソン・レーサーとタラウマラの人々とのレースを仕組んだ男、カバーヨ・ブランコの活動を追い求め、自らもコッパー・キャニオンに出向いてレースに出場する。

さらには米国の数々のウルトラマラソンの歴史を紐解き、現代のハイテク・ランニングシューズへ警鐘を鳴らす、という内容である。

その本を読み、大いに刺激を受けた。

長女が生まれた記念に初めてフルマラソンを走り、その本に出会うまでに20年以上、フルマラソンに出場したが、この本は、それまでの己のランニングに於ける知識をすべて覆す内容だった。

その結果、自分自身でも自作でワラーチを作り、その自作のワラーチで、２０１１年には因縁の河口湖でフルマラソンを完走し（この河口湖マラソンが、ボクにとっての初マラソンだ）、２０１２年にはチャリティランでワラーチを履き、河口湖から神戸まで、４５０キロの距離を18日間で

完走した。

そしていよいよ2014年の春に、『Born to Run』の軌跡を辿って、コッパー・キャニオンを訪れ、レースに出場したのであった。

旅の道連れは3人。まずはこの「コッパー・キャニオン」のレースに日本人として初めて出場して、いきなり優勝してしまった石川弘樹。トレイル・ランニングの世界では伝説的な存在だが、学生時代にボクの仕事のアシスタントを務めていた時期があり、今でもその付き合いは続いている。それと、この15年ほど、ほとんどのレースを一緒に走っている現アシスタントのカホ。それにワラーチをライフワークとしているユカの3人である。

この3人に加え、エルパソから陸路でメキシコ国境を越えるバスに乗るために集まったオーストラリアから来たルッカとリディアのカップル、そしてその友人のテレンス。これが今回の旅の仲間である。

コッパー・キャニオンの谷にひっそりと佇む村「ウリケ」に到着すると、村の中心にある広場ではレースの開催を告げる絵が壁に描かれ、道端の脇の低い壁にはワラーチの足跡が描かれている。この一週間、この村はまったく別の村になる。レストランでの食事、マーケットでの買い物、すべての価格が変わり、人々の暮らしも変わる。

アウトドア・ライフでの基本の一つに「自分の足跡以外はそこになにも残すな」という言葉があるが、我々は旅人として、そこに暮らす人々に、ローインパクトな印象を残すように心がけなくてはならない。レストランに入って、食事を残すような行為を控え、無駄な物を購入することを控えなければならないのだ。


さてレース本番当日。

これまで29年間のレース出場経験の中で、足が攣って走れなくなったことが三度ある。まずはロードレースに出場し始めた25歳のころ、多摩川を走る20キロのレースの途中、折り返しを過ぎて11キロ地点で足が攣った。1月の寒い日のレースで、残りの約9キロをずっと歩いた。歩くのはつらくなかったが、寒さがホントに堪えた。

二度目は静岡県の掛川で開催されたフルマラソンで、30キロまではとても好調で、このまま行けば新記録が出るかもしれないと調子に乗って飛ばしていたら、32キロ地点で足が攣った。残りの10キロをなんとか早足で歩いたが、この時は気温も暖かく、ただ単に自分の不甲斐なさを呪った。

三度目は初めて「チャレンジ富士五湖」の72キロの部に挑戦した時だ。この時も出だしは好調だった。本栖湖の約40キロの折り返し地点で4時間半。いつものフルマラソンの記録を鑑みれば、極めて好調なタイムだった。が、それがよくないことが、後から分かった。もう少しスローペースで走ればよかったのだ。60キロ、ちょうど河口湖の自宅前を通過した辺りで足が攣った。この時も残りの12キロを早足で歩いたが、やはり悔しさが残った。

レース以外でも、長い山の縦走などに行くと、時々、足が攣る。それは歩いている時であったり、歩き終え、夕食の準備をしている時もある。どうやら足が攣ることが癖になっているみたいだ。

理由は二つ考えられる。

一つ目は電解質のバランスだ。ボクは汗かきである。呆れるほど汗をかく。当然、水分も大量に摂取する。その結果、電解質のバランスが崩れる。

二つ目はストレッチ。若い時から苦手だ。朝起きていきなり走り始める。周囲が見ていて苦笑するほど、いきなり走り始める。そして走った後もストレッチをしない。若い時なら誤魔化せたかもしれないが、歳も歳である。もう誤魔化せないのは分かっている。

もちろん前日の食事なども影響するだろう。今回みたいに僻地に来て、普段、レース前に口にするようなモノが、一つも口にできなかったということも影響しているかもしれない。

なにしろ、今回は早かった。ノースループのチェックポイント2を過ぎた辺り、距離にして25キロほどの地点で足が攣った。日本を出る時に攣りに効く漢方薬を処方してもらい、それを飲んだら、攣りはどこかに消えた。サウスループの50キロの地点で少し違和感はあったが、そのまま走り続けた。サウスループからスタート地点に戻る箇所では、今回、ペーサーを務めてくれた弘樹から「もう少しスピードを落として!」と注意されるくらいに、調子よく走ることができた。

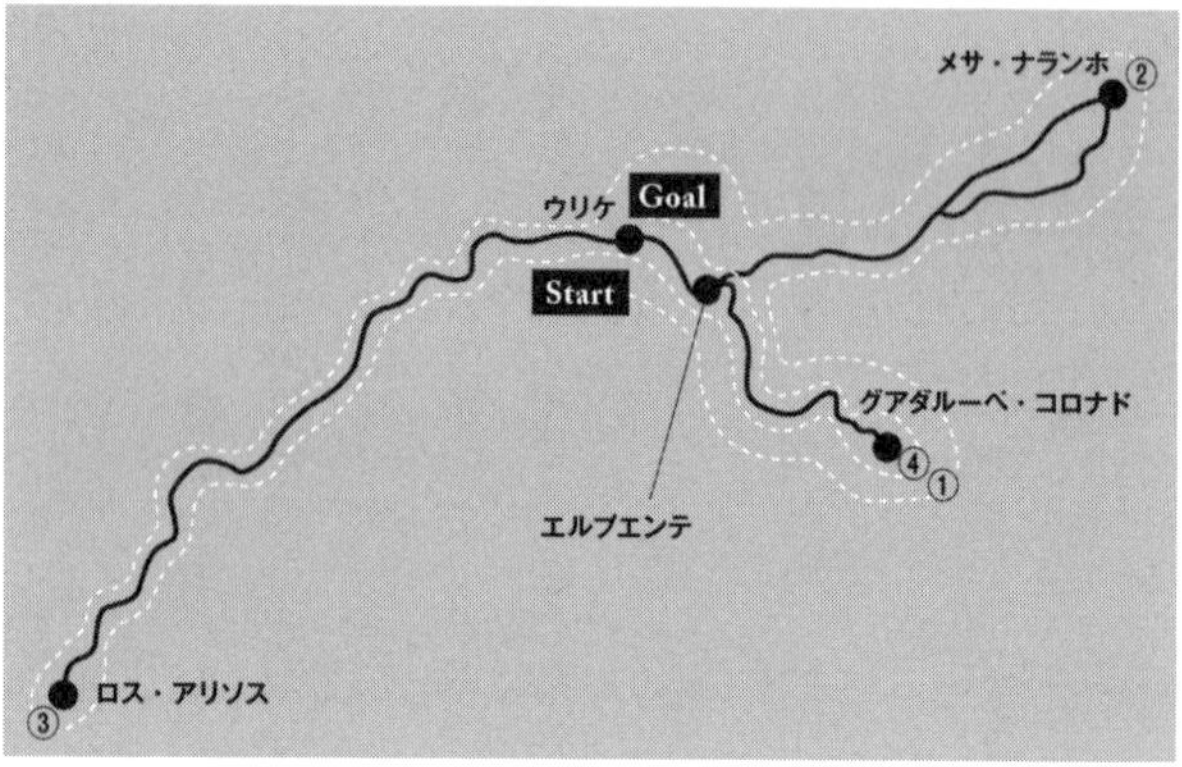

残り20キロ。最初のチェックポイントまで行って帰ってきたらレースは終わりだ。

ところが……ウリケの村外れ、約63キロの地点で再び足が攣る。ハムストリングからフクラハギに掛けて、もう一歩も歩けないほど。弘樹が念入りにマッサージをしてくれる。それから「トウキチさんはあまり好きじゃないと思うけど」と言って、持っていたエナジージェルを飲ませてくれた。

ボクは極力、サプリメントを摂取しないことにしている。それは普段の生活でもレース中でも同様だ。その訳はいつかまた違う機会に話したいと思う。なにしろ、それまでの10時間は水とエイド・ステーションのオレンジやグレープフルーツ、それにスポーツドリンクだけで済ませてきた。だが弘樹が見かねてエナジージェルを差し出した。

マッサージが効いたのかジェルが効いたのか、攣りは少しは治まり、なんとか小走りに走れるようになった。それに心配していた膝の痛みがほとんどないことに驚いた。

その時、それまで後方を走っていたユカが我々に追い付いた。ほんの少し、彼女は我々と共に居たが、弘樹に「ユカさん、さあ行って、行って！」と檄を飛ばされ、先を急いだ。

ユカが先に行ってしばらくすると、今度は左足のワラーチの鼻緒が切れた。実はこれで今日は2回目だ。朝、ノースループの20キロにも満たない地点で右足の鼻緒が切れたのだ。カホに手伝ってもらって、朝と同様に即席で補修する。予備の細挽き紐は持っているが、なんとか今の真田紐で補修できるみたいだ。

ワラーチを作り始めたころ、3ミリの細挽き紐を使っていた。その頃には100キロから150キロ走ると、よく鼻緒が切れた。それから細挽き紐から真田紐に替え、さらにシュードクターで補強するようになって、走っている時に鼻緒が切れることなんてなかった。このコッパーキャニオンの路面が厳しいのか。それとも他の理由が考えられるのか。が、レース後半になってくると、地元のララムリの人々の鼻緒も切れ、そこかしこでワラーチを補修しているララムリの選手を見かけた。これはもうどうすることもできないのだ。

ワラーチの補修が終わって再び走り始める。

「つらいって言ったって、レースはたった一日で終わるじゃないですか！　レイドゴロワーズで12日間も歩き続けたことを考えれば、比にならないくらいにラクじゃないですか！」と弘樹が慰めの言葉を掛けてくる。さらに「泣いても笑っても、あと15キロ。2時間もしないうちにレースは終わります。このキャニオンの自然をたっぷりと味わって走って下さい！」

その言葉に促されて見上げると、渓谷の底には夕闇が近づいて来ているが、渓谷の頂上あたりには西日の残照が当たり、赤銅色にキラキラと岩肌を輝かせている。空の青さが濃くなり、その赤銅色とのコントラストが美しい。まさにコッパー・キャニオンである。

弘樹の言う通りだ。こんな美しい夕暮れの渓谷の中を走る機会なんて、そんなにあるものではない。

チェックポイント4の折り返し地点の近くで、再びユカとすれ違う。彼女も一人ぼっちで頑張っている。こっちも負けてはいられない。

山から下りてきて、残り5キロの地点で、それまでダラダラと歩いていた二人のララムリの選手が、追い越しざまに再び走り始め、我々に負けじと付いて来た。

弘樹がその様子を見て、「嬉しいじゃないですか！　彼らを引っ張ってあげましょう！」と檄を飛ばす。

その言葉に益々チカラを得て、快調に走り続ける。時計を見るとキロ5分ほどのスピードで走っている。隣で走っているカホも、ララムリの選手も、まったくスピードを緩める気配もない。

この時、ココロのどこかで引っ掛かるモノがあった。しかしそれを考えるほどの余裕はない。なにしろ、ゴールはもうすぐに見えているのだ。

「バモス！　バモス！　アニモ！　アニモ！」

このレース中に何度も耳にした言葉を、沿道に居る人々が叫ぶ。

「バモス！」は「行け！」という意味で、「アニモ」は「頑張れ！」という意味である。

最後はララムリの2人とカホの4人でゴールした。

エルパソから一緒に旅を続けてきたテレンス、ルッカ、リディアの3人もゴールで待ち構えていた。

それぞれにハグを交わした。

振り返ってカホともハグを交わし、その横に立っていた弘樹ともハグを交わした。その瞬間になって、ココロに引っ掛かっていたことに気付いた。

この12時間半にも及ぶ長いレースの間、ボクはカホと弘樹の3人でゴールする瞬間を何度も何度も頭の中で思い描いていたのだ。ところがゴール寸前で追い付いてきたララムリの選手たちとのランによって、ずっと思い描いていたイメージは別のイメージに置き換えられてしまったのだ。

その原因のすべての責任は、自分のココロの余裕のなさである。もっとココロに余裕があれば、弘樹に一言「最後は一緒にゴールしよう！」と声を掛けられたはずである。

また一つ旅の果てに、己の魂の一部を置いて行くことになった。

これにもいつかは決着を付けなければならないだろう。

冒頭でも言ったが、2010年にワラーチに出会い、その後、自家製のワラーチ作りに心血を注ぎ、2011年にはその自家製ワラーチでフルマラソンを走った。そして2012年にはワラーチで18日間掛けて河口湖から神戸まで走り、今回はワラーチの故郷で80キロの距離を走った。

これでひとつの区切りはできたのだと思う。

見上げると、ペーパームーンが渓谷の夜空に輝いていた。

アリゾナ・ロングドライブ　旅は人生の目的そのもの

メキシコのコッパー・キャニオンでのレースの後、エルパソで旅の仲間と別れを告げ、次の旅に向かった。本当はよりダイナミックな自然が広がるユタ州をじっくりと旅したい気持ちが強かったが、時期的にはかなりの寒さである。別に寒いのは構わないが、メキシコの夏装備と、本格的な冬装備の両方の荷物を持って行くのは面倒だ。なるべくなら夏装備＋αくらいの装備で旅したい。

以上のようなことを考慮に入れ、まずはアリゾナのフェニックスに飛ぶことにした。ここなら真冬でも半袖で過ごせるほど暖かい。

まずはフェニックスでレンタカーを借りる。そこから北上してセドナ、さらに北上してグランドキャニオン、グランドキャニオンから東に進路を変えてキャニオン・デ・シェリー、そしてそこから一気にロスまでクルマを走らせる。という計画を立てた。

もっとも長い日で、一日に600キロ近く、クルマを走らせなければならない時もあるが、河口湖と大阪を何度もクルマで往来していることを考えれば、それほど苦にはならないだろう。なんといってもサウスウエストを走っていると、その景観に飽きることはない。

　フェニックスの「ＲＥＩ」に寄って、今後の旅で必要なモノを買い揃える。

　シングルストーブ用のガス・カートリッジ、来る時に空港で没収されたポケットナイフ、それに帰国してからも使えるマグやトレイなど。すでに同じのを持っているモノもあれば、新たに試してみるモノもある。

　衣服、道具、カラダ、ココロなど、フェニックスですべてを一旦リセットしてから、セドナに向けて出発する。

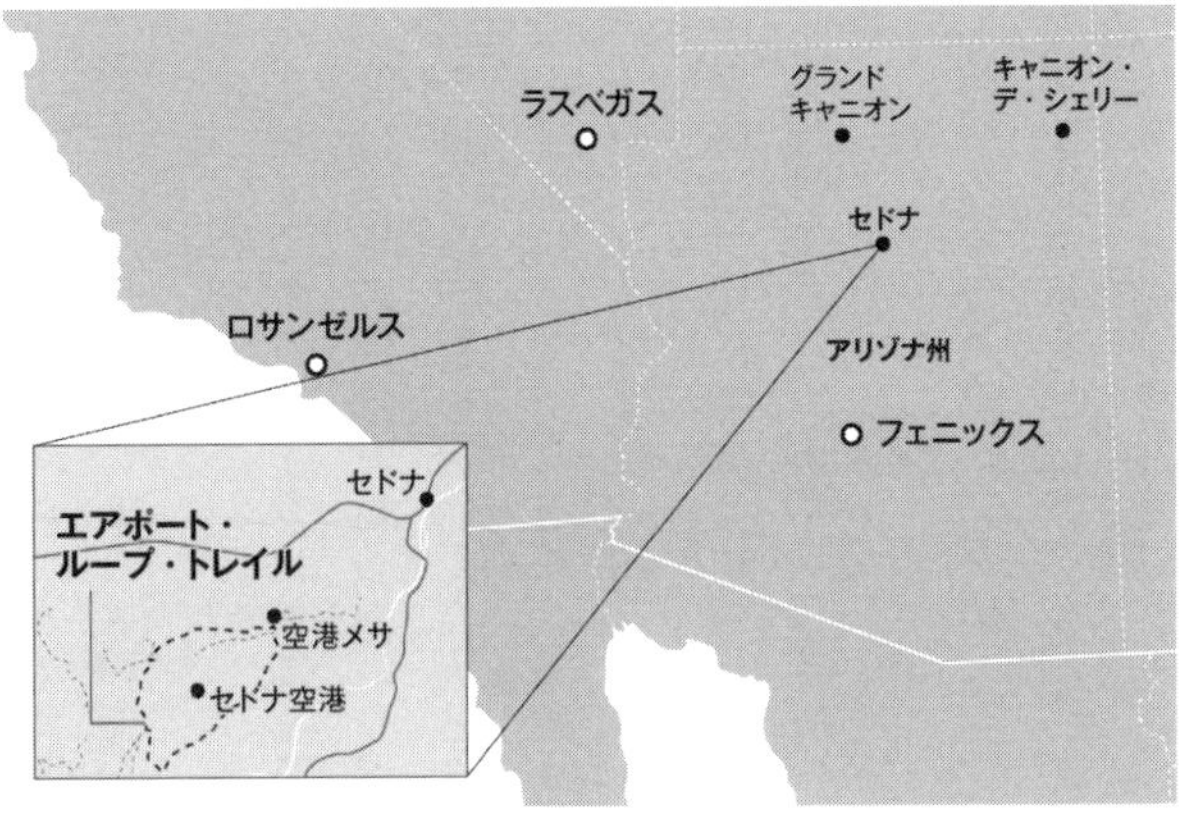

フェニックスからセドナまでは、インターステイト（州間道路）17号を北上して、途中、州道179号を西に向かう。距離にして約130マイル（約200キロ）、時間にして2時間ほどの距離である。

Googleで「サボテン」と画像検索すると、きっとこのようなサボテンが出てくるのだろうな、というような典型的なサボテンが立ち並ぶ山間部を1時間ほど走ると、やがてサボテンや樹木が途切れ、遙かなる荒野が見えてくる。そしたら17号を降りて179号へと入る。179号に入って北東方面に進むと、レッドロックの塊が見えてきて、それがどんどんと近づいてくるとセドナの街ももうすぐである。このドライブは感動的だ。もしもセドナにクルマで行くことがあれば、夜ではなく昼間に到着することをお勧めする。セドナの街に近づいてくると、壮大なる迫力のレッドロックの壁がどんどん迫ってきて、きっと何度も歓声を上げるはずである。

セドナには観光用の小さな空港があるが、その空港の傍にある「スカイランチ・ロッジ」がセドナでの宿。その名前の通り、宿からはセドナの街が見下ろすことができ、荘厳なる「キャピトル・ビュート」が眼前に鎮座する。夕暮れになると宿泊者たちはワイン片手にテラスに集まり、キャピトル・ビュートに輝く夕陽を眺めながら、撮影をしたり会話を愉しんでいる。

以前、オーストラリアのシドニーで夕陽が綺麗に見える岬に行った時のこと。夕暮れになると地元の人たちがテーブルと椅子を持って集まってくる。で、ベストポジションを決めたらそこにテーブルを広げる。もちろんテーブルクロスを掛けることも忘れない。そしてシャンパンを開けて沈みゆく夕陽を眺める。夕陽が沈みきったら、テーブルと椅子を片付け、「さあディナーに行こう」と言って立ち去っていく。

シャンパンやワイン片手に、自然が魅せてくれるもっとも美しい時間を切り取ってココロに刻み、その余韻を噛み締めながらのディナー。

人生とはなにか？　それを知り尽くした大人の過ごし方である。

セドナに到着した翌日はエアポート・ループを走ることにした。

セドナには無数のトレイルがあり、その総延長距離は２００マイル（３２０キロ）にも及ぶ。人気のトレイルは予約制になっており、ビジターセンターに行けば、翌日のトレイルの予約状況が分かる。で、空いていれば3ドルほど払えば、そのトレイルの取り付きにある駐車場が利用でき、そこにクルマを停めて、一日、ハイキングやトレイルランが愉しめるのだ。

我々の宿はエアポート・ループの途上にあるので、部屋の庭からそのままトレイルに入る。この約6キロほどのループを一周すると、セドナを取り囲むレッドロックを360度のパノラマで堪能できるのだ。が、6キロという距離はいくら山道でも短すぎるので、ついでにテーブルトップ・トレイルも走ることにした。

午前中にセドナの美しいトレイルを満喫し、午後からセドナの街を散策する。さすがリゾート地だけあって、お洒落なレストランやギフト・ショップが軒を連ねるが、我々のお気に入りは「ホールフーズ」。ここはオーガニック系の食材やデリを扱うマーケットで、全米にチェーン展開している。この「ホールフーズ」のデリでお惣菜を購入する。今夕は部屋の庭でデリを食べながら夕暮れを過ごすつもりだ。

普段、ボクはあまりビールを呑まない。だがアメリカに来るといろいろな種類のペールエールを呑むことを愉しみにしている。ラガー好きなドイツ人の中には「エールはビールじゃない」と言う人もいるそうだが、ボクはあのとろっとした呑み心地が好きだ。

幸運なことに今日も抜けるような晴天に恵まれた。夕暮れ時にはレッドロックも街も黄金色に染まり、時間が経つにつれて青い空が紫色に変化する。

宿に戻って庭でエールを啜っていたら、どこからかギターの音色が流れてきた。


あと10日間くらいはセドナで過ごしたかったが、時間的制限もあり先を急ぐ。次の目的地はグランドキャニオンだ。セドナ、グランドキャニオン間の距離は僅か100マイルほど。ここまで来て素通りすることもないだろう。

これまでにグランドキャニオンは二度訪れている。二度目は渓谷の底近くまで歩いて下りて行ったこともあり、おおよそ、その景観は頭の中に入っている。そして二度の訪問経験から、グランドキャニオンがもっとも美しいのは夜明けの時間か夕暮れの時間だということも知っている。あの悠久なる時を掛けて出来上がった渓谷は、斜光を浴びる時にその姿をもっとも繊細に輝かせる。だから夕暮れの時間に到着して、夜明けだけを見て、次の目的地に移動しようと考えていた。

メキシコの旅を共にしたルカとテレンスは、ボクがセドナでのんびりと過ごしている間に、一足先にこのグランドキャニオンを訪れ、サウスリムからノースリムまで往復したらしい。距離にして約75キロ、標高差約７０００メートル。約12時間半掛けたという。ホントにタフな奴らだ。

三度目の訪問だが、やはり実際に来てみると、またまたそのスケールの大きさに驚愕する。自然のスケールがあまりにも大きいと、「まるで別の惑星に来たみたいだ」と感じることがあるが、まさにここは別の惑星だ。どうしてこのような大渓谷が出来上がったのか？　どれくらいの歳月が掛かったのか？　ここでどのようなドラマが起こったのか？　夜空を見上げ、宇宙に思いを馳せる時、人はあまりも壮大なドラマに我が身の小ささを認識するが、ここでもまた、同様の気分に陥る。そういう意味に於いても別の惑星規模なのである。

我が富士山は昔から「一度も登らぬバカ、二度登るバカ」といわれている。そういわれる所以が山容などの自然だけのものなのか？　それともその環境を育む人々の責任なのか？　その意味はここグランドキャニオンを訪れるとよく理解できると思う。

で、グランドキャニオンは？

可能であれば、何度でも訪れたい場所である。

24歳の時に初めて雑誌の取材で渡米した。

ロスでレンタカーを借り、ラスベガス、グランドキャニオン、モニュメントバレー、キャニオン・デ・シェリー、ギャロップと巡り、最終目的地のサンタフェまで、10日間掛けて行った。

ラスベガスを出てグランドキャニオンまでは観光気分でよかった。が、モニュメントバレーに着くころには、いささか、ホームシックに掛かり始めていた。なにしろ自然のスケールが大きい。それにその表情が荒々しい。ここに居て日本の自然を顧みると、日本の自然は実に優しいのだ。

それぞれの場所の宿で過ごしているとそんなには感じないのだが、移動のためにクルマを走らせると、その雄大さに押し潰されるような錯覚に陥る。特にキャニオン・デ・シェリーへと向かう道中の景色には圧倒されてしまった。

もちろん旅に勝負は存在しない。だが白状すると、ボクは完全にその旅に「敗北」していた。すでに「愉しむ」というレベルを超えていた。雑誌の取材ということもあり、自分でも気付かないプレッシャーもあったのかもしれない。

そんな精神状態の中、ニューメキシコ州とアリゾナ州の州境に近い「キャニオン・デ・シェリー」で見た寂寥たる「スパイダーロック」の光景が、いつまでもココロの奥底に残った。そしてそこで暮らすネイティブの人々を見て、自分の中の「アメリカ」というイメージが大きく変わった。自分にとって、それまでの「アメリカ」は白人社会のアメリカだった。いやもちろんアフロ・アメリカンの人々の存在も理解していたし、ヒスパニック系の人々もその理解の中にあった。が、ネイティブの人々の存在は頭で分かっていても、その実態がどうも把握できなかった。

確かにボクはその旅に「敗北」したかもしれない。だがその旅はボクを大きく成長させたことも確かだった。アメリカ社会に存在する根深い人種問題や、先住民政策、それに自然のスケールや、生活習慣の大きな違い。それらを実際に見て、知ることは大きな意義であった。

そのキャニオン・デ・シェリーを約30年ぶりに訪れることになったが、そこは30年前と、まったくといっていいほど変わっていなかった。そこに吹く風、香り、色、光……すべてがそのままだった。

前回来た時には「スパイダーロック」を見下ろすだけだったが、今回は「ホワイトハウス・オーバールック」というトレイルを下りて歩いてみた。ガイドなしで自分たちだけで下りることのできるトレイルはここだけである。

リムの淵に立った時には強い風が吹いていたが、一歩、トレイルを下り始めると、その風も止み、完全なる静けさが辺りを支配した。朝陽を浴びて渓谷は黄金色に輝き、渓谷の底を流れる小川が平和で牧歌的な表情を醸し出していた。

30年前に来た時、そこはまったくの異国の地であったが、今回は不思議と、とても優しい懐かしさに包まれるような気がした。

キャニオン・デ・シェリーを後にし、LAまでの長いドライブが始まる。

約3週間前にエルパソに着いた時には、これから長い旅が始まるのだ、と強く感じたが、帰国の日を迎えると、後ろ髪を引れる思いが募る。まあどのような旅でも感じることは同じだ。

帰国してすぐに、娘がベン・スティラー主演の映画『Ｌｉｆｅ！』を観ることを勧めてくれた。凡庸な生活を送る主人公が一念発起、冒険の旅に出るというストーリーだが、その映画の中であの雑誌『ＬＩＦＥ』の社訓が紹介されていた。

To see the world,
things dangerous to come to,
to see behind walls,
to draw closer,
to find each other
and to feel.
That is the purpose of life.

世界を見ること、
危険なものを見ること、
壁の向こうを見ること、
近くに引き寄せること、
お互いを知ること、
感じること、
それが人生の目的だ。
まさにそれこそが人生。

悠久なる時を巡るグランドサークル

アメリカのアリゾナとユタの州境に映画『猿の惑星』のロケ地としても有名な「レイクパウエル」という人造湖がある。この「レイクパウエル」を中心にして半径約230キロをぐるっと円で描くと、円の内部には8つの国立公園、16の国定公園が含まれる。アメリカの人々はその円を「グランドサークル」と名付け、大自然を巡る旅のプランの一つとして捉えている。

「グランドサークル」を代表する国立公園として有名なのが「グランド・キャニオン」だが、その他にも、いまだ写真でしか見たことのない美しくも雄大な景観を持つその他の地域が、「グランドサークル」には数多く残されていた。

2月から4週間ほどかけて、この地域を旅する計画を立てたが、ボクの旅には「走る」ということが欠かせない。旅に出る時に下着や靴下などは忘れることがあっても、ランニングシューズを忘れることはない。

いろいろと調べていくうちにこの「グランドサークル」を旅する日程中に「アーチーズ国立公園」の近くの街、モアブで55キロのトレイルランのレースがあることが分かった。そのレースには必ず出場しよう！　そしてそのレース後は、33年ぶりにモニュメントバレーも訪れるのだ。

2月初旬、まずは空路でラスベガスへと飛んだ。そこでレンタカーを借りて、「グランドサークル」を時計回りに北上する。ラスベガスから約500キロほどに位置するリッチフィールドという小さな街で一泊して、我々はモアブの街に入った。

モアブの中心地から僅かクルマで10分ほ

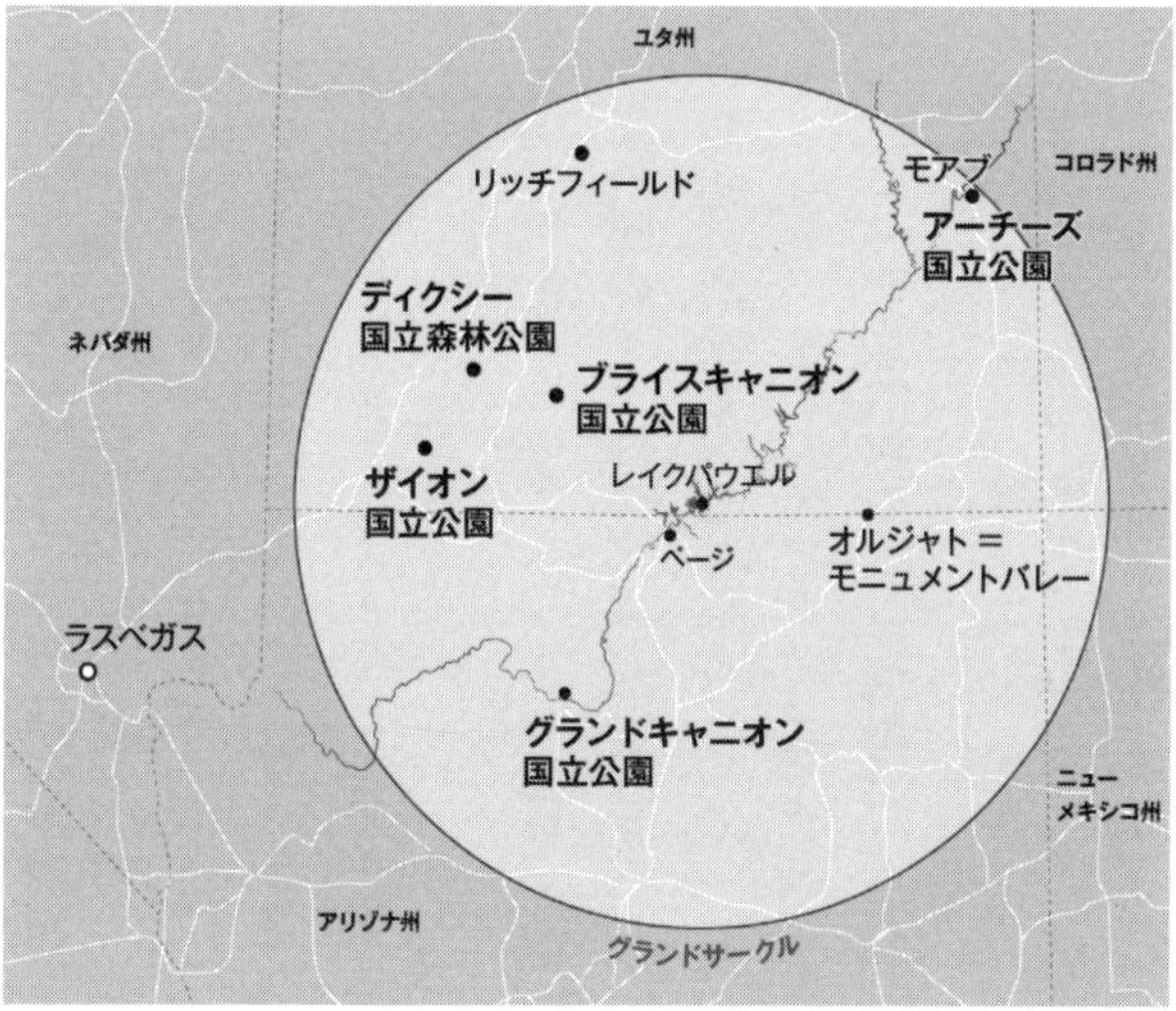

どで、「アーチーズ国立公園」の入り口がある。「アーチーズ国立公園」内にはその名前の示す通り、風化などの浸食によって出来上がったアーチ型をした巨岩が立ち並び、もっとも大きな「ランドスケープ・アーチ」は、その長さは90メートル近くにも及ぶ。

「レースまでの現地での体力調整」と称して何度もこの「アーチーズ国立公園」を訪れ（因みにアメリカの国立公園は25ドルから30ドルの入場料が必要だが、一度、入場料を支払えば、一週間以内は何度でも入場可）、その奇岩、巨岩の周辺を走り回った。

モアブの街がもっともにぎやかになるのは夏だ。もちろん「アーチーズ国立公園」「キャニオンランズ国立公園」と、二つの有名な国立公園のすぐ傍に位置していることもあるが、その国立公園の存在を排除しても、モアブ周辺は豊かな自然に溢れている。ラフティング、カヤック、マウンテンバイク、4輪バギーなど、それらのアクティビティを愉しむためのレンタル・ショップなどが軒を連ねているが、2月中旬のこの時期は、それらのショップの半分以上が閉店している。

今回、我々が出場したトレイルランのレース「モアブ・レッド・ホット35マイル（約55キロ）」は、その二つの国立公園のちょうど中間あたりで開催されたが、「自分は今、どこの惑星を走っているのだろう?」と感じるほど雄大で、日本では決して出会うことのないような景観の中を、一日、走り続けることができる。

海外でのトレイルランのレースは、2007年に出場したニュージーランドの「エイベルタスマン」、2014年に出場したメキシコの「コッパー・キャニオン・ウルトラ・マラソン（CCUM）」に次いで三度目だったが、二度目のCCUMの苦い経験から（レース中、足が二度も攣った）、レース2、3日前から食事や飲み物に気を遣い、レース中もエイドステーションで十分な栄養補給を行い、日本から持って来た塩分を含んだサプリメントなどを摂取し、今回は愉しく完走することができた。

もっともそれは栄養補給というフィジカルな面だけではなく、何度も訪れていて自分にとって馴染みのある、アメリカのサウスウエストで開催されたレースという、メンタルな側面でレースを愉しめたのかもしれない。30代のころは世界各地で開催されたアドベンチャーレースにも出場したが、やはりアメリカで開催されるレースは、いつも愉しむことはできる。僻地でのレースは、そこの生活環境に慣れるだけでも大変なのだ。

地図を見るとアメリカの州というのは、直線で単純に区切られているところが多いのだが、「4つの州が一点」で交わっているところは一箇所しかない。サウスウエスト地方の主要部を成すアリゾナ、ユタ、コロラド、ニューメキシコ。この4つの州が一点で交わる「4コーナーズ」も、今回の旅の目的地の一つである。モアブからモニュメントバレーまで行くのに、この「4コーナーズ」に寄り道をしても、僅か100キロ足らずの寄り道だ。寄らない手はないだろう。

「4コーナーズ」で、4つの州を1分間で巡った後（ここではそういうことをして盛り上がる観光客が多い）夕暮れの光を浴びてオレンジやピンクといった暖色系にメサ（大地）が染まるころ、我々はモニュメントバレーに到着した。

モニュメントバレーの存在を、世に広く知らしめたのはジョン・フォード監督だが、その他の映画にもよく登場する。有名なのが『フォレスト・ガンプ』で、ガンプが「走る」ことを止めたのが、モニュメントバレーから北へ約10マイルほど行ったところである。一本にまっすぐに伸びる道の先に、モニュメントバレーのメサが蜃気楼のように浮かび上がり、その場所は日本のクルマのCMなどにもよく使われる。さらにはその場所から10マイルほど行くと、「グースネック」と呼ばれる、サンファン川の侵食によって生まれた「大地の裂け目」を見ることができる。

「グランドサークル」の中心地であるレイクパウエル周辺にも、ずっと行きたかった「アンテロープ・キャニオン」や「ホースシューベンド」などの景勝地が存在する。「アンテロープ・キャニオン」は、川の侵食によってピンク、パープル、オレンジ、マンダリンと言った温もりのある妖艶な色の自然の彫刻が、そこに挿し込む太陽の光によって、僅かにその色合いを変え、そこを訪れる人々を陶酔の世界へと誘う。これはもう自然が魅せるマジックである。

そしてグランドキャニオンの侵食がさらに進んだかのような「ブライスキャニオン国立公園」の尖塔群。渓谷の岩が空をも隠してしまうかのような、切り立った断崖絶壁が頭上に覆いかぶさる「ザイオン国立公園」など、いずれにしても、「グランドサークル」の旅は、地球の遙かなる鼓動や息遣いを感じる場所ばかりである。

アメリカ大陸が海の底にあったころ、何億という長い年月を掛けて幾層もの地質が堆積した。そして約6600万年前に、コロラド高原岩層の隆起が始まり、大陸が海の底から顔を出し、そこを今度は氷河、雨水、川が、歳月を掛けて削り取り、「グランドサークル」の自然を築き上げた。

例えばザイオン国立公園のもっとも新しいダコタ層（Dakota）は礫岩《れきがん》と砂岩から成る柔らかい砂岩が続き、かつて海底だったこの地域ではたくさんの化石が発掘されている。そして、ザイオンではもっとも古いカイバブ層（Kaibab）は、石灰岩で形成されており、この層はグランドキャニオンのリムと同じく約2億5千万年前の層だ。グランドキャニオンのリムから下りていき、その渓谷のもっとも下に堆積しているのがブライトエンジェル層（Bright Angel）で、これは5億1千万年前に堆積された。

この気の遠くなるような歳月が、この辺りの自然の雄大さを形作ったのであり、「グランドサークル」の旅は、言い換えれば、何億という歳月を巡る旅でもあるのだ。

旅は居場所だけを移動するモノではない。

それは時として、遙かなる時空を移動するモノでもあるのだ。そして、己の人生の時間も行きつ戻りしつつ、旅は続くのである。

アンテロープ・キャニオンは特に人気の高いスポット

ハワイ・カララウの過酷なロングトレイル

「もしかしてモアブの55キロよりつらいかも」

カホが後方で弱音を吐く。

「モアブの55キロ」というのは、ここハワイのカウアイ島に来る前、つい2週間前に参加したトレイルランのレースである。

昨年、「グランドサークル」の旅をした時に初出場を果たし、今年で2回目の出場である。

確かに16キロ以上の荷物を背負って歩くのには、アップダウンが予想以上にきつい。ここを歩く前は、海岸線のフラットなトレイルを行くものと、安易に想像していたが、最初からかなりの急勾配を登ったり下りたりしている。

自分の体重は約75キロ。45キロにも満たないカホとはかなり体重差があるのに、おそらくカホも15キロ近くの荷物を背負っている。そりゃ弱音を吐くのも無理はない。

「半分の地点まで行ったら、少し荷物を分けて、オレが担ぐようにするよ。だからそれまではなんとか頑張れ」と彼女を励ます。

どんなレースでも、どんな過酷な山やキャンプでも、決して弱音を吐くことがないカホにしては珍しい。だが確かにつらいトレイルではある。

このトレイルを歩くことになったきっかけは、一本のB級映画だった。

『バイオハザード』シリーズで有名なミラジョボビッチが、『パーフェクト・ゲッタウエイ』という映画に出演している。

ボクはミラジョボビッチのファンではないので、『バイオハザード』シリーズも観たことはないのだが、たまたま映画の粗筋を読んで、その『パーフェクト・ゲッタウエイ』という作品をビデオで観ることにした。

物語は新婚旅行でハワイのカウアイ島にやってきたカップルが、美しいビーチを求めてキャンプしながらトレイルを歩くというモノで、そのトレイル・ハイクの最中、連続殺人事件に巻き込まれる……というバカバカしい内容である。

その映画はくだらなかったが、ハワイにそんなトレイルが存在することが驚きだった。そこでそのトレイルを詳しく調べて、実際に歩くことにしたのだ。

映画の中の主人公たちはとても軽装で、跳ねるように歩いていたが、実際には肩に食い込む荷物に喘ぎながら、片道、8時間は歩かなければならない。

歩き始めて約4時間後に、ちょうどトレイルの半分の位置にある「ハナコア」のキャンプ場の川を渡る。

トレッキング・ブーツを脱いでサンダルに履き換え、「ハナコア」の川を渡り、再び、トレッキング・ブーツを履いていたら、一人のハ

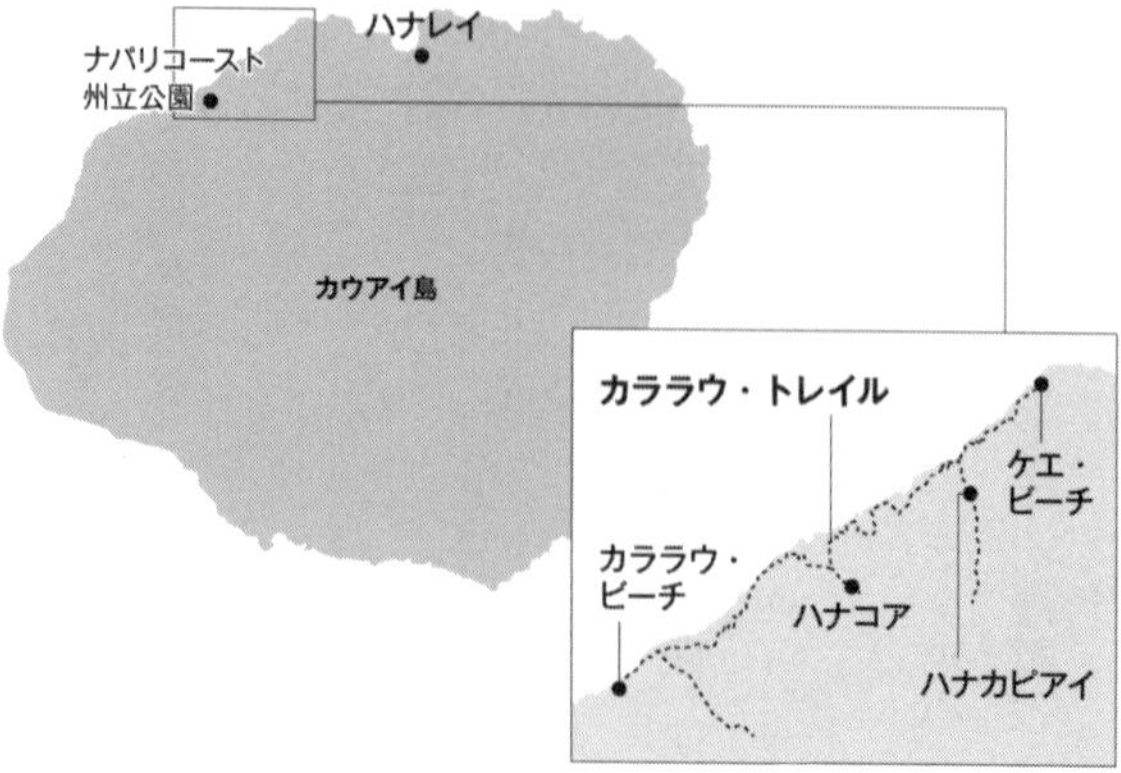

イカーに出会う。

「最後まで行くのか?」と質問したら、「いや今回はここで引き返す」と彼は答え「ここの水を飲んでも大丈夫かな?」と訊ねる。

「いや、止めた方がいい」と答え、続いて「レプトスピラ（という感染症）の可能性があるぞ」と警告した。

「分けてくれるウォーターピルはあるか?」と聞いてきたので「ある」と答え、彼の3リットルの水筒に、相応量のウォーターピルを振り掛けてやる。

「レプトスピラ病」というのは、このトレイルを歩く上で、前知識として想定していた問題点で、マングースやヤギなどの尿に含まれている菌が土壌を汚染し、それが川に流れ込んで、その川の水を飲むと感染してしまうのだ。

見るからに冷たくて、美味しそうな清流ではあるが、そういう危険性も潜んでいる。

カホの背負っている装備の一部を、ザックのトップ部分に括り付けて再び歩き出す。増えた重量は2キロくらいか。そこからの登りにその重量が食い込む。が、カホの調子は回復したようで、そこから口数も増えていった。

その後、7マイルあたりで、このトレイルのもっとも危険な箇所「クローラル・リッジ」の断崖絶壁が現れる。トレイルの幅は1メートルくらいの細さになり、片側は海に向かって深く落ち込んでいる。

昨年、歩いたザイオン国立公園の「エンジェルス・ランディング」と比較すれば、それほど恐れることのないトレイルだが、今回はかなり重量のあるザックを背負っている。ここは慎重に歩かなければ。

そこから何度か登り下りがあり、最後にすれ違ったハイカーが「もうすぐだ。最後にビッグヒルがあるがな……」と言ってニヤっと笑った。

確かに彼の言葉通り、かなりタフな登りが続いたが、いかにも「カララウ・トレイル」らしい古代の恐竜が今にも登場しそうな鬱蒼とした熱帯雨林と青い海といった景観が現れ、そこまで歩いてきた労苦が報われた気がした。

結局は予定通り、約8時間のハイクでトレイルエンドの「カララウ・ビーチ」に到着。

重い荷物を降ろして、我々はキャンプの準備を始めた。

カララウ・ビーチでの滞在は、最低でも2泊した方がよい。その理由は水の確保である。すでに言ったが、カララウの水には「レプトスピラ菌」が潜んでいる可能性がある。ウォーターピルで消毒するのはマストで、コーヒーを飲んだり、食事に使う時はそのまま使用するが、飲料水に関してはさらに一回煮沸させる。その煮沸作業に結構時間が掛かるので、到着翌日にそれらの作業をしなければならない。ちなみにトレイルを歩いている最中は、一人あたり約2リットル以上の飲料水が必要と思われる。

それにせっかく重い荷物を背負って18キロも歩いて秘境のパラダイスにやって来たのに、半日ほどの滞在でまた戻っていくのはもったいない。

テントを張る場所は、可能であれば滝の近くがいい。水の確保がラクだし、ビーチの眺めも比較的いいような気がする。

キャンプサイトには極彩色の鳥たちが多数飛来するし、小さな子ヤギの群れが、キャンプサイトを横断する。

半分、ここで暮らしているようなキャンパーのコミュニティも存在する。我々も「ストライカー」と呼ばれるコミュニティのボスと仲良くなった。彼はほぼ一冬、このビーチで過ごしているという。近辺で収穫されたバナナやハーブを使った、バナナケーキを分けてくれた。長期で滞在している彼らからの情報は、なによりも有用である。が、2日も滞在していれば、我々は「ベテラン」の存在で、新たにやって来たハイカーから、いろいろな質問を受けることになる。そういう時はサービス精神旺盛に、自分たちが持っている情報を共有すべきだ。それがこういうところでキャンプをする者のルールである。

キャンプサイトの中に「フリーテーブル」という机があり、そこには要らなくなった靴やサンダル、キャンプ道具などが並べられている。もちろんその名の通り、必要であればすべて無料で持ち帰ることができる。但しゴミはすべて持ち帰ることが義務である。少なくともまだ使える「道具」を、フリーテーブルに置いて帰ることは可能だ。その辺りのルールも遵守したい。

映画『ジュラシック・ワールド』にも登場するナパリの渓谷に囲まれ、美しいビーチを眺め、夕刻にはサンセットに見惚れる。それ以外は暮らしに必要な作業だけをする。シンプルを極め、誰の目も気にすることなく、緩やかな時間の流れに身を任せる。世の中の情報からすべて解き放たれ、「今という瞬間」だけを愉しむ。

人は生まれた瞬間から死に向かって進み出す。そのように考えると、「時」はもっとも貴重な存在だと思う。「今という瞬間」を愉しむことは、その「時」を贅沢に満喫することに繋がる。

波はどこから来るんだろうか？　風がなくても波が高いのは何故なんだろう？　何故いつも夕陽が沈んでから、空がもっとも美しくなるのだろう？

そんなことばかり考えていた3日間が終わり、また来た道を歩き始める。

何故いつも、帰り道の方が短く感じるのだろう？　などと思いながら歩を進める。

もちろん僅かながら食料がなくなった分、物理的に荷物が軽くなったことは確かだが、未知への不安が取り除かれた部分、精神的にラクになることもあるのかもしれない。

帰路は7時ちょうどに出発した。往路と同じような時間が掛かっても、3時過ぎにはトレイルヘッドに辿り着く。もっともそれからさらに30分、キャンプ場まで歩かなければならないが、トレイルの起伏を思えば、その道のりは食後のデザートみたいなモノである。

出発の時から小雨が降っていたので、パンツはサーフパンツを履くことにした。日本の山を歩く時に、こんなサーフパンツを履いていたら、すれ違うハイカーに笑われるかもしれないが、このトレイルでは、皆、同じような格好をしている。サーフパンツに上半身裸（驚くことに男女共）というハイカーさえいるし、ブーツはおろか、裸足で歩いているハイカーもいるし、ワラーチのハイカーも一人すれ違った。ビブラム5フィンガー（5本指シューズ）のハイカーも多い。これなら川を渡る時も、いちいちサンダルに履き替えなくてもいいから便利だと思う。特に今日のような雨の日は便利かもしれない。

「快適」「効率的」「生産的」というキーワードに振り回され、いつの間にか動物としての人間性を失っているのではないか？　その危機感から自然のフィールドへ踏み出し、敢えて「不快」「非効率」「非生産」な時を過ごすことを選択したはずだった。が、そこでも「快適」な道具やウエアを求め、いつの間にか、それらの道具に囲まれて、「達人顔」をしている自分の姿があった。

確かにゴアテックスの防水性は素晴らしいし、フリース素材のセーターは暖かくて軽量だ。そしてポリプロピレン素材の下着は汗などのベタつきもなく快適だ。軽量、高い防水性、耐久性、フィット感のトレッキング・シューズは何十種と存在する。

だがそれらのハイテク道具で完全武装した時、また再び、動物としての人間性の欠如に繋がらないか？

山を走れば、皆、同じようなザックを背負い、膝には同じようなテーピングを施し、同じような靴を履いてトレイルを駆け抜けて行く。

キャンプ場に居れば、同じようなテントに、同じような焚き火台、同じようなストーブに、同じようなメニューを作るキャンパーが、大勢やって来る。

別に個性を発揮しろと言っているのではない。本当に自分にとって居心地のいいスタイルは千差万別。ウールやコットンという選択もあるはずだし、昔、ヨセミテで会ったキャンパーのように、敢えてランタンを使わないという選択もあるだろう。

これまでに、いろいろなアウトドア関連企業のアンバサダーを務め、その商品開発にも携わってきたが、ここ数年は、「快適な完全武装」を止め、敢えて不便なウエアや道具を選択することもある。

8000メートルの頂きに立つという目標を持っているわけじゃないので、そこそこのウエアでも充分に対応可能だと分かっているし、そういうウエアでいる方が、そのまま街に出ても違和感がない。そこそこ重量のあるクッキング・ウエアの方が、調理の幅も広がる。あまりストイックに「ミニマム」を追求することもないだろう。

そして道具に足りないスペックは、己のこれまでの経験と知識、そして体力でカバーする。それこそがアウトドア・ライフの醍醐味だと思うし、そこに失われつつある「動物としての人間性」が輝きを放つ。

足にマメを作ってもいいじゃないか。重いザックが肩に食い込んでもいいじゃないか。雨に打たれてもいいじゃないか。

その痛みが、その冷たさが、その苦しみが、いつの日か懐かしく思えることもあるのだ。

8時間も黙々と歩いていると、同じような思考がぐるぐる回ったり、特に好きでもない音楽が、頭の中で何度も繰り返されることが多い。それも何度も経験したことだ。

往路の時も同じだったが、トレイルを歩いている時のランチは、レーズンが入ったシナモンベーグルに、たっぷりとピーナッツバターを塗って食べる。こういう時に、少ない容量で少しでもハイカロリーなモノを食べるという知識は、カナダのアルゴンキンをカヌーで旅した時に覚えた。なんといってもこの4日間、朝食と夕食の摂取カロリーは、合計で僅かに600キロカロリーほどだ。移動中であっても、ハイカロリーなモノを摂取しないと、とてもじゃないが8時間も歩けない。

カホなんてレース用のエナジージェルを舐めている。万が一、遭難などの事故に遭遇した場合に備え、今回はこのエナジージェルを持参した。遭難した時に、持参したマヨネーズを舐めてサバイバルした人の話を聞いたことがあるが、まるで同じような行為だ。普段ならその行為をバカにして笑うが、その気持ちはよく理解できる。

「なあ……カホ……戻ったら何が食べたい？　いや今夜は無理だけど、明日の夜……」

と、後ろを歩くカホに訊ねる。今夜ももう一晩、キャンプ生活なので、またフリーズドライの夕食しか選択肢がない。

「私、ハナレイのスーパーで売っていたポキ丼が食べたい」とカホ。

「ポキ丼」とは、ハワイの名物であるマグロの刺し身のマリネである「ポキ」を、白いご飯にのせてあるだけのドンブリで、カウアイ島に着いた翌日のランチに食べたヤツだ。物価の高いハワイの割に、6ドルくらいで食べることができた。

「ポキ丼ねえ……」と、その姿を思い浮かべると益々、お腹が空くので、その想像を打ち消してしっかりとトレイルを見つめ直した。

ハナカピアイの最後の川を渡り、日帰りハイカーたちに混じって重い荷物を背負って歩いていると、雨脚が酷くなってきた。

トレイルヘッドのバス停に辿り着くと、かなり雨脚が激しくなっていたが、ゴールした記念の撮影をカホと交代でしていると、やはりトレイルから戻って来たばかりの女性が、「一緒に撮ってあげる」と言って、2人の記念撮影をしてくれた。そして「今夜は好きなだけ飲み物を飲んで、食べ物を食べられるわね」と笑った。

残念ながら、こっちはもう一日、その快楽を我慢しなければならないが、少なくともこの重いザックからは解放される。

ハエナのキャンプ場に戻ったら、ライフガードの若者が「おかえりなさい！　今日はキャンプ場でゆっくりと寛いで、トレイルの疲れを取って下さい！」と声を掛けてくれた。

その言葉に目頭が熱くなったが、笑顔を作って「有難う！　ここに戻って来られて幸せだよ」と答えた。

そして雨の中、すぐにテントの設営を始めた。

ナパリ・コーストの絶景

リム・トゥ・リム　～ヘビーデューティーなハイカー～

距離、標高差、背負っている機材の重さ、そのすべてが経験済みだ。

いや、前年のカウアイ島のカララウ・トレイルでは、これ以上の重さを背負い、一日に8時間以上も登り下りしたし、国内だと糸魚川と塩尻を結ぶ「塩の道トレイル」でも、一日に33キロも歩いた。

だから今回、一日あたり25キロ前後の距離を歩き、3日間かけて、グランドキャニオンのサウスリムからノースリムに行って戻って来るというプランは、決して不可能なことではない。

ただひとつ。

夜の気温がどれだけ冷えるか？　だ。

しかしそれも、昨秋、晩秋の八ヶ岳で氷点下10度の寒さの中で眠っていたことを思えば、それほど心配しなくてもいいだろう。

そこからどんどん標高を下げて行く。途中で、ラバのキャラバンに追い越される。彼らは谷底にあるファントム・ランチの宿泊客のために、物資を搬送しているのだ。出会ったら、必ず道を譲ることが暗黙のルールになっている。

コロラドリバーの畔に位置する「ファントムランチ」を利用すると、ハイクの方法にさまざまな選択肢が生まれる。手軽にハイクを愉しみたければ、このラバで己の荷物を運ぶことさえ可能だ。

この辺りは「オプションの国であるアメリカ」らしいサービスに溢れている。

ここを巧く利用すれば、体力に自信のない人でも、それなりに「Rim to Rim to Rim」を愉しむことが可能だろう。

ラバのキャラバン隊の後を追いつつ谷を下っていくと、まるで自分が映画のシーンの一部になっているような気がする。

「なんて気持ちのいいトレイルなんだ……」

うっとりとする。

が、その気持ちは谷底に下り、ファントム・ランチから、最初の宿泊地であるコットンウッドへと向かう道で、脆くも打ち砕かれる。

12キロの荷物を背負い、一気に1600メートルもの標高差を下りたものだから、その後、足にかなりの負荷を掛け、ファントムランチからコットンウッドまでの緩やかな登りの12キロが、じんわりと足にダメージを与えたのである。

ともあれ、我々は8時間の道のりを歩き、初日の野営地である「コットンウッド」にベースキャンプを作ったのであった。

朝、目覚めると外の気温は氷点下。

暗いテントの中でヘッドランプの灯りを頼りに、朝食を素早く作って食べる。そして明るくなる6時50分にテントを這い出て、ノースリムへのハイク準備を進める。

僅か20分で装備を終え、7時10分に出発。

今日は往復24キロだ。コットンウッドが標高1200ほど。ノースリムの頂きが2500ほど。標高差1300ほどを往復する。五合目から富士山頂上を往復するより、少しラクか。もちろん標高も富士山ほどではない。が、前日の足のダメージが残っている。焦らずに行こう。

「Redwall bridge」を渡ると、その名の通り、赤い壁のような巨岩が目の前に聳え、細かいスイッチバックのトレイルが続く。ここからが標高を稼ぐ時間帯、つまりもっともつらいハイクの時間である。

「Supai Tunnel」の手前で、後ろを追って来る二人の人影が見える。

そのまま調子を落とさずに、約4時間半でノースリムに到着。20分ほど記念写真を撮影していたら、若い男女が登ってきた。

二人はミシガンからやって来た大学生で、我々の隣のサイトでキャンプをしていたカップルだ。

しばらく談笑していたが、寒くなって来たので彼らを残して下山。

下山し始めて45分ほどで、女性の二人組とすれ違う。彼女たちも同じキャンプ場に宿泊している。どうやら今日、ノースリムにアタックするのは、我々を含めて3組だけのようである。

結局、往復、約8時間半で、ノースリムへのアタックを終えた。

18時には夕食を終え、テントの中で1時間ほど寛いでいたら、外がなんだか騒がしい。テントから這い出ると、例の女性の二人組が戻って来たところだった。

「You made it!」と叫びながら出迎える。

いやいや立派なものだ。女性二人きりで14時間も歩き続けたのだ。しかも最後の2時間は暗闇の中、ヘッドランプだけを頼りに歩いたのである。

「明日、ファントムランチでビールで祝杯をあげよう！」と彼女たちが提案する。

「いや、明日はスタート地点に戻らなければならないんだ」と告げると、がっかりした表情で彼女は言った。

「あなたたちって、ホントにヘビーデューティーなハイカーね」

3日目。

ノースリムまで行った達成感による高揚からか、朝から気分がいい。

それに初日に我々を苦しめたコットンウッド～ファントムランチ間の12キロも、今度は逆に下り基調で気持ちのいいハイクだ。

予定より早く、約3時間半でファントムランチ。コロラドリバーを渡る前に早めのランチ。

ここからスタート地点のサウスリムまで、一気に1600メートル登る。

特に最初のポイントである「Tip Off」までのスイッチバックがかなりキツイ。30分ほど登って、上着もタイツも脱ぎ、シャツ一枚で登り続ける。予定ではこの日の登りは6時間だ。この12倍もの登りを続けることを考えると、絶望的な気持ちになる。が、一歩、一歩、登ればいつかは終わる。6時間掛かっても、17時半には到着できるはずだ。その後は冷たい飲み物にありつけるし、今夜は広いベッドで眠ることもできる。そしてまずは熱いシャワーだ。

そんな、ささやかな自分へのご褒美を夢想しながら、頂きを目指す。

黙々と登り続け、やがて「ちょこっとだけ、谷に下りてみようかな」といった軽装の観光客たちとすれ違うことが多くなり、我々は予定より1時間早く、スタート地点に戻ってきた。

実際に「Rim to Rim to Rim」を歩いてみて強く感じたのは、「こんなにも美しいトレイルが、この世に存在するのか……」という素晴らしい感動であった。上からキャニオンを見下ろすと、荒々しい不毛のトレイルを歩くことを想像していたが、実際にはいろいろな植生が繁殖し、季節でいえば、冬と春が交錯するほど、多用な自然に巡り合った。

ノースリムのもっとも標高の高いところが2400メートルの雪の中。そしてもっとも標高の低い700メートルのコロラドリバーの畔に行くと、河岸のビーチで水遊びをする人たちの姿が。

そんなめまぐるしいほどの多様な自然の中を、一本の細いトレイルがどこまでも続いていた。

世界中から多くの人々が訪れる観光地「グランドキャニオン」。そのキャニオンの中では、大勢の観光客がまったく想像がつかないような、大自然のドラマが繰り広げられているのである。

どこまでも続く細く長いトレイル

コラム5

小さな借りを返す旅

これまで数え切れないほどの映画を観ているが、その中でも、時間が経てばまた観たくなる映画が何本かある。1983年に公開された『ライトスタッフ』も、そんな映画の代表的な存在で、当時、25歳だったボクは、強く感銘を受けた。

原題の「The Right Stuff」とは、「正しい資質」という意味。「パイロットとして、誰がもっとも素晴らしい資質を持っているか?」ということが問われる内容となっている。

舞台は1947年のアメリカ、モハベ砂漠のエドワード空軍基地だ。

実在のパイロットであるチャック・イエガーは、世界で初めて音速のスピード（マッハ1）を破った名パイロットである。

しかし時代は宇宙に向かっていた。

ソ連がスプートニクの打ち上げに成功したことに焦ったアメリカ政府は、優秀なパイロットを全米から探し出そうとするが、大学を卒業していないというくだらない理由で、チャック・イエガーはその候補から外れた。別に宇宙飛行士に選ばれた7人のパイロットたちは、世間の華々しい注目を浴びる。

そんな中、チャック・イエガーはたった一人で新たなるチャレンジを企てる。

砂漠を馬で駆り、バーで「テネシーワルツ」に合わせてチークダンスを踊るチャック・イエガーは、時代に取り残された、頑固でちょっとアナログ的な男を感じさせる。

かたや7人のパイロットたちは世間から大きな注目を浴びるが、人を宇宙に行かせるのには、多数の人々がプロジェクトチームとして関わっており、その助力によるところが大きい。そういう状況で己の資質を発揮できるのだろうか？　という疑問も付きまとう。

音速のスピードを初めて破った際にも、新たなチャレンジに飛び出す時にも、イエガーとジェット機のエンジニアの男はまったく同じやりとりをする。「ガムを一枚くれないか？あとで返すから」

イエガーが放ったこのなんでもないセリフが、ボクの琴線に強く触れてしまった。もしかしてこれから死ぬかもしれないほどのチャレンジに向かう。そしてその際に、たった一枚のガムという「借り」を作っていく。そしてその「借り」を返すために、なにがなんでも無事に戻って来てやる！　という気迫を感じた。

華やかな活躍をする他のパイロットたちを横目にしながら、頑なに己の人生を歩んでいく姿に、深く影響されてしまったのである。

自分もそんな風に生きていきたいと強く願った。世間に認められようが、認められまいが、自分の信じた道を歩んでいく。そして自分の中の小さな約束ごとを、少しずつでも果たしていくために、新たなるチャレンジを続ける。ボクにとって、旅はいつでもチャレンジだ。

誰かが言っていた。

「予定していた飛行機に乗り遅れた瞬間から、本当の旅が始まる」と。

旅に出る時にはいつもココロの中で、誰の足跡もないフロンティアが広がっている。その未知なるフロンティアの中にこそ、自分が人生の中で欲するなにかが待っている気がするのである。

第六章

ボクが旅に出る理由

日本を、ゆっくり歩く　～日本再発見～

長い間、海外を旅していると、日本という国の良さを再認識することが多い。女性的で繊細なる自然の美しさ。電車、バスなどの時間の正確さ。そして悪くなりつつあるが、それでもまだまだ諸外国と比較して治安がいい。

そんな日本の美しさ、良さを、再確認する旅に出た。主な行き先は熊野古道、しまなみ海道、それに「日本最後の清流」といわれている四国の四万十川だ。

熊野灘海浜公園に隣接する「孫太郎オートキャンプ場」は静かな内海に面し、どこのサイトからも穏やかな海が見える。食料品などを調達できる街まで10分ほどで、美しい自然環境に囲まれている割には、なにかと便利なキャンプ場である。

まずはこのキャンプ場を基点に、世界遺産に登録された「馬越峠」のトレイルを歩く。

一口に「熊野古道」といっても、その道は三重、和歌山、奈良、大阪の４府県に跨がり、道の表情もさまざまである。２００４年には「紀伊山地の霊場と参詣道」として、その一部が世界遺産指定されている。

「孫太郎オートキャンプ場」からクルマで約20分（無料高速道路）で「道の駅　海山」に到着する。その駐車場にクルマを停め、歩いて3分ほどで「馬越峠」への登山道の取り付き口だ。

「馬越峠」を歩き始めると、まずその石畳の道の美しさに引き込まれる。その道幅はかつて巡見使《じゅんけんし》たちが担いだ籠に合わせて一間半（約2・7メートル）の幅があり、石畳といえどもかなり巨大な岩が乱雑に埋め込まれている。この辺りは年間を通じて多雨地域で、雨が降ると道がぬかるむ。それを防ぐために江戸時代にこの道が石畳で整備された。エジプトのピラミッドも多くの人々の苦難の上に建造されたと思うが、この巨大な岩を敷き詰めた石畳の道を歩くと、一歩、一歩、先人たちの労苦が偲ばれる。

「馬越峠」の峠から横道に逸れると、その道は天狗倉山に続いており、せっかくなのでそこも寄ってみることにした。頂上からは尾鷲湾が綺麗に見渡せ、この山道が海に近いことを再認識させられる。なるほど、出発地である道の駅が、「海山」というネーミングなのも頷けるのである。

トレイルを歩き終わって、クルマを取りに行くためにバスに揺られていると、なんだか遠くに来たなあ……と突然、深い旅情に包まれる。このようなローカルの公共交通機関を使うのも、旅の風情を盛り上げてくれるのだ。


普段は4時50分くらいに目覚め、メールなどのチェック、日記を記入、気になるニュースなどを閲覧して、5時45分ころから朝のランニングに出掛ける。ランニングから戻って、軽くウエイトトレーニングをこなし、ストレッチの後にシャワー。そして朝食を済ませて仕事を始める。

これが日常の朝のパターンである。一日の中でも細かく予定を立て、その予定に従って動くのが好きだが、夕方になるとそれまでのペースを崩し、夕陽を見ながら酒を呑む。最初の酒の酔いが全身に回り始めたら、料理の準備をする。この夕陽を見ながら酒を呑む時間を「Happy Hour」と呼んでおり、自分の中ではもっとも大切な時間である。それは日常でも旅先でも変わらない。蛇足ながら、我が孫娘もこの「Happy Hour」が大好きで、

「ハッピーわわ〜」と言いながら、ボクの横に座って、酒のツマミのチーズを横取りする。

いずれにしても、己にとってこの時間帯は安らぎのひとときである。

「馬越峠」を歩いた後、ベースキャンプである「孫太郎オートキャンプ場」に戻り、海に沈む夕陽を眺めながら「Happy Hour」を堪能する。特に一仕事終えた後の酒は旨い。

試しに「熊野古道」とネットで検索すると、必ず登場するであろう写真が「観音通り」の風景ではないか。さきほども言ったが、一口に「熊野古道」といっても、その道は4府県に跨がり、歩く道によってさまざまな表情を見せるが、この「観音道」はその代表的存在ともいえる。

まずはJR紀勢本線の「おおどまり」の駅のすぐ傍にある登山道に入ると、「西国三十三所観音石像」の第五番〜第十五番の11体の観音像たちが並んで出迎えてくれる。そこから約1キロ先に「比音山清水寺《せいすいじ》」跡がある。ここには古くから近所の人々が「観音講」を作って寄進した石仏が道端に祀られている。清水寺は８０９年（延暦23年）に坂上田村麻呂によって建立されたという。

「比音山清水寺」を通りすぎて頂上に辿り着くと、その道は今度は「大観猪垣道」へと続いている。この「大観猪垣道」というのは、猪や鹿から農作物の被害を防ぐために作られた石垣の登山道で、この道にも、やはりかつての人々の労苦の跡が見受けられる。

「大観猪垣道」は大吹峠へと続き、大吹峠を右折して登山道を下りて行けば、また元の「おおどまり」の駅近くの海岸へと辿り着く。この下りの登山道は美しい竹林に囲まれ、日本の繊細な情緒が存分に堪能できる道でもある。そして大泊の海岸は、真っ白な砂浜と淡藍色の透明な海が、まるで南国の海のような美しさを魅せており、登山で疲れたカラダとココロを優しく癒してくれる。いつか機会があれば、この海で泳いでみたいと思わせる。

繊細で美しい日本の自然、そして古来より続くあつい信仰。「観音道」はその双方を満喫できるのである。

今回の旅の第2ステージである「しまなみ海道」へと向かう。

「しまなみ海道」とは、正しくは「西瀬戸自動車道」のことで、広島の尾道から愛媛の今治までの約70キロを、島々と橋で、本州と四国を結んでいる。

尾道のすぐ隣、「向島」から始まって「因島」「生口島」「大三島」「伯方島」「大島」の

6つの島々を越えて四国の今治に続く。もちろん正式名称の示す通り、そこは有料の自動車道なのだが、その側道には自転車や歩行者が通行可能な道が繋がり、「サイクリストたちの聖地」としても知られている。

「しまなみ海道」尾道から今治まで約70キロ。総行程を自転車で走ってみたい……と思っていたが、実は熊野古道を歩いている時に、少し腰を痛めてしまった。ということで今回は総行程制覇を諦め、向島にあるキャンプ場「尾道マリンセンター」をベースに、レンタサイクルで走り回ることにした。

まずは向島にある「尾道市民センター」で自転車を借りる。

いろいろな種類の自転車があり、たいていは1日500円で借りることができる。広島側に8箇所、愛媛側に7箇所のレンタサイクル・ターミナルがあり、途中、パンクなどで困ったことがあれば、修理に駆けつけてくれるという。それにコンビニなどで工具やポンプなどを貸してくれたりと、街全体で自転車文化を盛り上げているようだ。

それともうひとつ、この地を訪れて驚いたことは、地元の人の親切さである。例えば道を訊ねると、ホントに丁寧に細かく教えてくれる。尾道の人たちは日本で一番、親切なのではないかと思えるほど、皆、親切である。人々の親切心と、この辺りの気候は無縁ではないような気がする。

「しまなみ海道」は6つの島々が瀬戸内に浮かんでいる。そしてもちろん島々は橋で結ばれているのだが、それぞれの橋に特徴がある。向島と因島を結ぶ「因島大橋」は2階建て構造になっており、上部をクルマ、下部を自転車、人、原付バイクが走るようにできている。そして個人的にはもっとも美しいと思っている「多々羅大橋」は、クルマが中央を走り、その両脇を自転車と原付バイクが走る。いずれにしても原付バイクと自転車が走る通路が別になっているところが嬉しい。

「多々羅大橋」は尾道市の生口島と今治市の大三島を繋いでおり、中間点には県境のサインもある。ある意味に於いて、そのデザインの美しさを含めて「しまなみ海道」を代表する橋ともいえるのだ。それに生口島から「多々羅大橋」を渡り切ると、そこには「道の駅　多々羅しまなみ公園」があり、その公園内には「サイクリストの碑」が建てられている。この記念碑は2014年10月25日に、瀬戸内しまなみ海道と台湾の日月潭《リーユエタン》のサイクリングコースとの姉妹自転車道協定を締結したことと、同年10月26日、国際サイクリング大会「サイクリングしまなみ」が開催されたことを記念して建造されたモノで、ここはまさに「サイクリストの聖地」と呼ぶのに相応しい場所なのである。

熊野古道、しまなみ海道と旅を続け、この日本再発見の旅の締め括りは四万十。「日本でもっとも美しい川」「最後の清流」などと称される四万十川。ボクがカヌーを始めたのが1990年で、すでにパドルを握り始めて四半世紀の時を経たが、いつかは訪れたいと思っていた川である。

四万十川に到着してまず驚いたのは「沈下橋」の存在。欄干もなにもないこのシンプルな橋の構造は、四万十川が増水した際に、橋全体が川の下に沈み、欄干などの付属物がない分、損壊を最小限に抑えようという工夫である。

その工夫に、地元の人々の大いなる叡智を感じるが、そこを通る時には、大いなる不安も感じる。地元の人たちは対向車が来ても平気で橋を渡り、その狭い橋の上ですれ違うというが、ボクは対向車が来たら、寒い日の猫のように、じっとクルマが通り過ぎるまで待っていた。

四国、特に高知県のキャンパーは幸せだと思う。スーパーに行けば、魚臭さを微塵も感じさせない香ばしい鰹のタタキが手に入るし、初めて食べたが「ハランボ」という名の、魚のハラミが美味しい。もちろんそれ以外にも刺し身も旨いし、調理する必要もないのだ。ただ買ってきて生で食べる、あるいは少し火を入れれば、美味しい夕食にありつけるのだ。

夕暮れになると美味しい魚を食べ、焼酎を煽り、朝は美しい川をのんびりとカヤックで下る。そして昼過ぎに街に出て、また美味しい食材を仕入れ、河原に戻って一杯やる。毎日がその繰り返し。

ついにこの旅の最後の地にやって来た。なんとなくこの四万十に居ると、時間が2割ほど遅く進んでいくように感じる。自分自身の体内時計も、それに合わせてゆっくりと調整し直す必要があるかもしれない。もうこの先を急ぐことはなにもないのだ。

昔の交通標語に「せまい日本、そんなに急いでどこへ行く」というのがあった。

確かに我が日本の国土は、アメリカのそれと比較すればちっぽけだ。が、そこにある文化、慣習、自然、食文化、人情は、どこの国にも引けを取らないと思う。

こんな素晴らしい国に生まれ育ったからこそ、海外の良さも認識できる。この国を旅すると、それがよく理解できるのである。

穂高　友との約束の山

2012年の10月、我々は穂高山頂を目指して、紅葉に染まる涸沢《からさわ》を駆け抜けていた。早朝の6時に上高地の奥座敷、徳沢のキャンプ場を出発して、穂高の頂きに立ち、その日の夕方までには徳沢に戻る……というのが我々の計画だった。ところが標高3000メートルの穂高山荘までは行けたが、前日に降った雪のために、その頂きに立つことは叶わなかった。

徳沢からほぼ走って登ったので、皆、短パンにランシューズという軽装で、本格的に登山をする人から、顔をしかめられそうな格好だ。もちろんアイゼンも持っていない。この先は諦めて撤退するしかないのだ。

「いつかまた近いうちに」

軽い気持ちで、一緒に登った友と約束したが、その友は、翌年、厳寒の浦安の海にカヤックで漕ぎ出し、そのまま帰らぬ人となった。

彼とはすごく親しい仲ではない。

ボクが主催した小さなアドベンチャーレースに出場してくれたことがきっかけで付き合いが始まった。

そのレースで、「ワラーチ・プロジェクト」で神戸まで一緒に走ったケイとチームを組み、それから何度か会った。ケイの兄貴分のような存在で、穂高登頂にチャレンジした時にも、ケイたちと一緒にその上高地キャンプに参加したのだ。

上高地キャンプは、涸沢の紅葉を見ながら、酒を呑むことが主目的だった。

毎年、10月になると涸沢は見事に紅葉する。自然の植物たちがこんなにも美しい色彩を放つのか！　といった感動的な美しさである。が、その美しさはたったの2週間。早すぎると紅葉が見頃ではないし、遅すぎると雪が降る。ということで、毎年10月が近づくとヤキモキしながら天気予報をチェックする。

ところで何年か前までは涸沢カールのキャンプ場でテントを張って、そこで酒を呑みながら紅葉を愛でていたのだが、その美しさがどんどん評判となり、今では恐ろしいほどの混雑で、涸沢カールでのキャンプ泊が不可能になってきた。そこで我々は涸沢よりずっと麓の徳沢にベース・キャンプを張り、そこから日帰りで穂高の頂きを目指したのであった。

だがいつものことながらボクの山は、頂きに立つことが目的ではない。百名山にも興味はないし、その標高にも興味はない。山に対する唯一の興味は「山容」である。

麓から山を見上げる。そしてその頂上なり稜線が見えると、「そこではどのような景色が広がっているのだろうか?」とあれこれ夢想する。低い榛松の木の中に一本の細いトレイルが続き、コケモモやシャクナゲなどの高山植物が榛松の根元にひっそりと息づいている。そしてその脇を小さな沢が流れる時もあれば、万年雪の下で水の音が聞こえる時もある。

徳沢～穂高は雪で阻まれたが、リベンジを約束して、その反省会という名目で、翌年の新年会を我が家で開催した。このような「反省会」はとても愉しく、その時の失敗談やエピソードを肴に、美味しく杯を重ねることができる。彼はしこたま酒を呑んで踊り、歌い、最後には意識を失くすまで愉しんだ。

彼は星野道夫さんの愛読者でもあった。

はにかみながら「妻との初デートが星野さんの写真展だった」と語った彼の顔が忘れられない。

反省会の翌日、呑みすぎてバツの悪い表情を浮かべる彼に、「必ず返してくれ！」と言って、星野道夫さんのエッセイを何冊か貸した。

そしてまた一緒に走って呑もうと約束した。


彼は貸した本も返さず、穂高岳へのリベンジも果たさず、再び馬鹿騒ぎする約束も果たさず、強風吹き荒れる2月の冷たい海で帰らぬ人となった。

寒かっただろうな……怖かっただろうな……。

アドベンチャー好きな彼にとっては、ある意味、相応しい最後かもしれないが、遺された我々にとってはあまりにもつらい別れだ。

「トウキチさん、あんな細いピッケルの先に自分の命を預けるなんて……ボクはアイスクライミングなんてやりたくない！」と、酒に酔いながらも真剣に語っていたが、ボクにしてみれば、幾ら細いピッケルの先でも、自分でコントロールできる限り、そこに命を預けることには恐怖はない。もっとも怖いのは、予測不能な自然環境に自分の身を置くことだ。彼は、ボクがもっとも恐れる状況に身を置き、そして二度と戻ってくることはなかった。

それから5年。

2013年から始めたキャンプ場の業務などで忙しく、10月に上高地に行くことさえ叶わなかったが、2017年の10月、ようやくその「友との約束」を果たすべく、我々は上高地へと向かった。

今回は横尾山荘にベースキャンプを設けることにした。

実は2017年の春から「ロングトレイル」を歩くことを趣味とし始めた。

繰り返しになるが、ボクは山にはよく登るが、山の頂上に立つことにはあまり大きな意義を感じることはない。いや、確かに達成感は感じる。だがもっと大切なことは、その頂きに至る道でなにを発見するのか？　あるいはなにを感じるのか？　ということである。

そういう意味に於いて、山の頂きを目指すより、トレイルを歩く方が、さまざまな発見があることに気付いたのである。特に２０１７年の春に糸魚川と松本を結ぶ「塩の道　千国街道」を歩いた時には、日本人の信仰心のあつさを再確認することができ、とても興味深いハイクになった。

上高地の入り口である河童橋から横尾山荘までは約12キロの距離があるが、そこをテント泊に必要な荷物（水を除いて約12キロくらい）を背負って、往復することも、ロングトレイルを歩くシミュレーションとして、今回の山行のプランに組み込んだ。

上高地に入って約2時間半歩いて横尾山荘へ。そこで素早くテントを設営して狭いテントの中で夕食を済ませる。

翌朝、前夜と同じようにテント内で朝食を摂る。10月初旬といえども、横尾の朝の気温は5度を下回っている。テント内は狭いが、そこで煮炊きして食事を摂ると、寒さに震えることはない。

簡単な朝食を済ませて6時に横尾山荘を出発。約1時間45分後に涸沢に到着。そこで暫く涸沢カールの紅葉の美しさに魅せられ、カメラのシャッターを押しまくる。8時過ぎに再び歩き始め、そこから約2時間半、ついに10時半に標高3190メートル、日本第三位の穂高岳の頂上に立つ。

今回は前回の反省もあり、軽アイゼンも持参したが、雪はまったくなく、快晴の中、登頂に成功した。

近くに槍ヶ岳、遠くには富士山もくっきりと見え、亡き友からの祝福の声が聞こえてくるような気がした。

一旦、穂高山荘まで下りて、携帯食でランチ。前回、ここで登頂を断念した時には、ポケットコンロで湯を沸かし、コーヒーを飲みつつ雪に覆われた頂上を眺めたが、今回は穏やかな気候の中、のんびりとランチを食べた。

紅葉が美しい秋の穂高

故、永六輔氏の作品に『生きているということは』という歌がある。

その歌詞にもあるように、人は人生の中で「いろいろな借り」を作って生きていく。特に旅の途上では、その「貸し借り」が頻繁に発生する。慣れぬ旅先で人は困り、時に困った人を助け、また自分も助けられる。その時に恩義を感じ、そこから心の中の約束が生まれる。

人生は「心の中の約束を果たしていく旅」でもあるのだ。

あとがき

ボクは大阪生まれの大阪育ち。

物心がついてから上京する二十歳までずっと、生まれた場所から5キロ圏内に暮らしていたと思う。

ボクが母の胎内に居たころに、両親は離婚しているので、幼い姉とボクを抱えたシングルマザーである我が母は、かなり苦労して我々を育ててくれたと思う。

そんな状況下で物見遊山の旅に出る余裕があるはずもなく、彼女は海外はおろか、おそらく近畿地方を出たこともなかったのではないか。いや、ボクが上京した時に、東京まで会いに来てくれている。その後も数回、東京に会いに来てくれた。それに現在、ボクが暮らしている河口湖の自宅にも、亡くなる前に一度来てくれた。母にとって遠くに行く旅は、息子に会いに行くこと以外に、ほとんどなかったのである。

東京に来る時には、派手なワンピースを着て、つばの大きな帽子にやはり大きなサングラス。彼女なりに精一杯のお洒落をして、新幹線を降りて来るなり、「どう？　女優さんみたいやろ」と言って、ボクを笑わせた。

母が亡くなる直前、姉の家族（母も含む）とボクの家族が三重県の伊勢に集合して、３日ほど一緒に過ごしたことがある。我々はその伊勢の旅行の後、そのまま静岡の大井川でキャンプをすることになっていたので、クルマにはキャンプ道具満載である。

その様子を見て、母は呟いた。

「あんたはいつも身軽でええな。どこでもひょいっと旅に出るねんなぁ……」と、羨ましそうに目を細めた。

我が姉も海外旅行の経験がない。

彼女の新婚旅行は、ご主人の出身地である石垣島だ。おそらくその旅が、彼女にとって、もっとも遠くに出掛けた旅である。

その新婚旅行の時の旅の話を、何度も何度も聞かされた。

幼い子どもを連れて、海外のあちらこちらを旅するボクを見て、「あんたはあんた。ウチは今はしっかりと子どもを育てて、いつかは一緒に家族で旅するねん」と口癖のように言っていた。

ところがその「いつか」が来ないうちに、我が姉はこの世を去った。彼女は二人の子どもの母であったが、二人の子どもたちが成人して間もないころに、52歳の若さで亡くなったのである。

人はよく口にする。

「いつか余裕ができたら」

「いつか落ち着いたら」

が、その「いつか」が必ずやってくると、誰が保証してくれるのか？

昔から言われているように「思い立ったが吉日」である。

生きて元気なうちに、行きたいところに行けばいい。住みたいところに住めばいい。見たいモノを見ればいいのだ。

ボクは旅を続ける。

母の分も、姉の分も、彼女たちが想像もつかないような場所に行ってやる。

貯金や豪華な家、あるいはクルマなどの財産は、一夜のうちに失くなることもある。だが旅の思い出は、一生涯、自分のココロから奪い去ることは、誰にもできない。

さあ旅に出よう。

小さな旅でも、大きな旅でも、どんな旅でもいい。

日常から離れて、驚き、戸惑い、笑い、そして理解するのだ。

「ああ、こんな人生もあるのか」と。

木村東吉（きむら・とうきち）

1958年11月16日生まれ。大阪府出身。ファッションモデル、エッセイスト。10代の頃からモデル活動をはじめ、上京後は『ポパイ』『メンズクラブ』の表紙を飾るなど活躍。30代よりアウトドアに活動の場を広げ、世界各地でアドベンチャーレースに参加。その経験を活かし、各関連企業のアドバイザーを務め、関連書籍も多数刊行。オートキャンプブームの火付け役となる。「走る・歩く・旅する」ことをライフワークとしている。現在は河口湖を拠点に執筆・取材、キャンプ・トレッキング・カヤックの指導、講演を行っているほか、「5LAKES&MT」ブランドを展開しアウトドア関連の商品開発を手掛けるなど、幅広く活動している。

わたしの旅ブックス

005

ロング・ロング・トレイル

2018年10月15日　第1刷発行

著者――木村東吉

ブックデザイン――マツダオフィス

DTP――ISSHIKI

編集――及川健智（産業編集センター）

地図作成――山本祥子（産業編集センター）

発行所――株式会社産業編集センター

〒112-0011

東京都文京区千石4-39-11

TEL 03-5395-6133　FAX 03-5395-5320

http://www.shc.co.jp/book

印刷・製本――大日本印刷株式会社

ISBN978-4-86311-202-5 C0026